Rolf Piotrowski

Begegnungen
Kurzgeschichten

Rolf Piotrowski

Begegnungen

Kurzgeschichten

Rediroma-Verlag

Bibliografische Information der Deutschen Nationalbibliothek:
Die Deutsche Nationalbibliothek verzeichnet diese Publikation in der Deutschen Nationalbibliografie; detaillierte bibliografische Daten sind im Internet über http://portal.dnb.de abrufbar.

ISBN 978-3-96103-885-5

www.rediroma-verlag.de
9,95 Euro (D)

Inhalt

Für meine Frau Anni

Das letzte Seminar

Donnerstag, 19. Mai 2005, 7.00 Uhr.

Gerade verebbte gnädig die als Lied deklarierte Darbietung eines deutschsprachigen Barden, bestehend aus laut ausgestoßenen pseudophilosophischen Satzfetzen und unverständlichen Parolen.

»Huhuu! Guten Morgen, liebe Hörer!«, schreit Jacqueline durch Patricks verdunkeltes Schlafzimmer. »Aufstehen! Kikeriki!«

»Huhuu, du verrücktes Huhn«, brummt Patrick. »Ich bringe dich um!«

Seit Monaten plant Patrick, sich endlich der 142-seitigen, elfsprachigen Bedienungsanleitung seines Radioweckers zu widmen, um sich nicht länger durch die geistlosen Wortbeiträge des Moderatorenteams des Lokalradios aus seinem zumeist pharmazeutisch eingeleiteten Schlaf reißen lassen zu müssen. Er hat die Gebrauchsanweisung verlegt.

Dieser manisch anmutenden Jacqueline im Radio würde Patrick zu gerne allmorgendlich, wenn diese ihren Mund öffnet, um ihr grenzdebiles »Huhuu!« abzusondern, den Inhalt der Klinikpackung eines hochwirksamen Sedativums in den Rachen schütten. Diese permanent kichernde, hyperaktive und unerträglich »muntere« Frau, die jedem ihrer Sätze ein dümmliches Kichern anfügen zu müssen glaubt, macht ihn wütend!

Manchen ihrer Botschaften mischt sie zuweilen ein nach innen gezogenen Lachen bei, das Patrick an die asthmatischen Anfälle seines Bruders Markus erinnert. Aber selbst, wenn er den Schalter seines Radioweckers abends auf »Buzzer« stellt, keift Jacqueline ihn morgens erbarmungslos mit hochfrequentem »Huhuu!« aus dem traumlosen Schlaf. Heute begannen ihre verbalen Flachheiten mit »Huhuu! Aufstehen! Ein ›Event-Ereignis‹ in unserer Stadt nimmt ›ihren‹ Lauf!«

»Erbarmen!«, bettelt Patrick müde.

Er muss die Gebrauchsanweisung finden! Koste es an Zeit, was es wolle. Er will es morgens »buzzern« hören. So einem elektronischen »Buzzern« unterstellt Patrick einen deutlich höheren geistigen Nährwert als Jacquelines eigenwillige Satzkonstruktionen, die zu decodieren Patrick so strapaziös wie sinnlos erlebt. So auch jetzt.

Die Digitalanzeige des technisch komplizierten Radioweckers auf dem Nachtisch zeigt 7:02 Uhr.

An manchen Tagen hat Jacqueline noch einen Kollegen an ihrer Seite. »Ich bin heute nicht alleine, hä, hä, ha!«, informiert Jacqueline ihre Zu- und Weghörerschaft.

Spontane erfrischende Dialoge, Stunden zuvor abgesprochen, erhellen Patricks Gemüt am frühen Morgen ungemein. »Unsere Jacqueline sieht noch müde aus, hi, hi, hi!«, glaubt Jean-Marcel den Hörern mitteilen zu müssen. Jean-Marcel, dem Patrick wegen seines ständigen »Hi, hi, hi« eine beträchtliche infantile Retardierung und Unfertigkeit unterstellt, ergänzt noch völlig überflüssig: »Aber das sehen unsere Hörer ja nicht. Hi, hi, hi …«

»Richtig, Jean-Marcel«, brummt Patrick dem Radiowecker zu. »Gott sei Dank bleibt mir der Anblick deiner Kollegin erspart! Und dein Anblick auch. Es reicht mir, eure lyrischen Aphorismen aus euren Mündern perlen zu hören. Sehen muss ich euch dabei nicht!«

»Jean-Marcel! Du bist heute sooo gemein zu mir, hä, hä, hä …«, beschwert sich Jacqueline bei Jean-Marcel gespielt weinerlich und unglaubhaft beleidigt. »Er ist sooo gemein zu mir!«, teilt sie jetzt tausenden unbescholtenen Radiohörern mit. Mit unverminderter Zielstrebigkeit versuchen die beiden Quälgeister aus dem Radio, Patricks noch nicht ganz waches Hirn mit Wortmüll zu kontaminieren.

»Falsch, Jacqueline!«, kommentiert Patrick den Dialog der beiden Moderatoren. »Jean-Marcel ist immer gemein zu dir, aber du merkst es nicht immer.«

»Und jetzt Musik!«, quietscht Jacqueline beschwingt.

»Hi, hi, hi«, ruft Jean-Marcel hinterher. »Aber erst erzähle ich euch noch, was mir gestern Nachmittag passiert ist«, droht er. »Jacqueline, rate mal, wo ich gestern war«, fordert der Moderator seine Kollegin auf. »Naaa?«

»Naaa …?«, brummt Jacqueline zwei Oktaven höher zurück, in einer Art, die nicht darauf hindeutet, dass sie vor Neugierde zu platzen droht.

Patrick boxt mit beiden Fäusten sein Kissen zurecht und starrt seinen Radiowecker an. »Mann, Jean-Marcel. Du Dummerchen! Woher soll Jacqueline das denn wissen? Du warst beim Logopäden oder in einer Selbsthilfegruppe. Oder auf dem Mond. Wen interessiert es?«

Auf den jetzt zu erwartenden längeren Wortbeitrag über das gestrige Vorkommnis, in dem Jean-Marcel freiwillig oder unfreiwillig involviert war, verzichtet Patrick. Er schlägt die Bettdecke zurück, tastet nach dem Stromkabel und zieht daran, bevor das Alptraumpaar aus dem Radio ihn weiter belästigen kann. Der Stecker des Radioweckers springt aus der Steckdose. Endlich Ruhe.

Und da er jetzt schon mal aufgedeckt ist, lässt sich Patrick aus dem Bett rollen. Auf allen Vieren robbt er aus dem Schlafzimmer in die Küche, zieht sich stöhnend am Küchenblock hoch und drückt auf den Knopf der Kaffeemaschine, die er am Abend zuvor präpariert hat.

Was für ein Tag steht an? Einer Weiterbildungsmaßnahme hat Patrick sich heute zu unterwerfen. Angeboten als innovative Personalqualifizierungsmaßnahme seitens seines fürsorglichen Arbeitgebers, einem Logistikunternehmen mit 213 Mitarbeitern. »Welch nettes Wort für Drill«, zischt Patrick. Er weiß schon gar nicht mehr, mit welchem Seminar man ihn heute zu traktieren plant.

Kommunikationsseminar, Serviceschulung, Stressbewältigung, Motivationscoaching, Trainings-Training, Zurechtstutz-Training, Verblödungs-Briefing … Bis vor einiger Zeit fanden diese Abricht-Events zumindest in netten Hotels statt, manchmal sogar tage- und nächtelang. Da hatten zumindest die Wellnessbereiche und die spätabendlichen Brainstormings in den Hotelbars (Thema: Zeitmanagement und Nutzungsoptimierung der »Happy Hour« mit der Zielsetzung: Stresskompensation im Kollegium unter Zuhilfenahme bewusstseinsverändernder flüssiger Substanzen) ihren Reiz. Jour fixe mit Pils vom Fass und Caipirinha! Happy waren alle Teilnehmer in der Tat früher oder später!

Bedauerlicherweise wurden seit einiger Zeit die eigenen Büroräume zum Trainieren missbraucht. Lieblos und fragwürdig belegte Brötchenhälften aus der firmeneigenen

Kantine, mitunter ernährungsphysiologisch durchaus bedenklich, versuchten erfolglos, gegen die allen noch positiv in Erinnerung haftenden meterlangen dekadenten Überfluss-Buffets in den Vier-Sterne-und-mehr-Hotels anzustinken.

Patricks Küchenuhr zeigt 7:10 Uhr.

Vor zwei Wochen war die als »Einladung« deklarierte Vorladung zum heute stattfindenden »Seminar« per E-Mail an seinen Arbeitsplatz gelangt. Heute soll er zum sechsten Mal in diesem Jahr einem Schmalspurtraining unterjocht werden. Einer weiteren, von Patrick als manipulative Gehirnwäsche erlebten Maßnahme, deren suggestive Wirkungen er sich aber bislang erfolgreich zu entziehen vermochte. Auf dass es so bleiben möge!

Die Teilnahme an diesen Aktionen ist für alle Mitarbeiter Pflicht. Patrick war anwesend, aber nicht wirklich dabei. Jetzt erinnert er sich: »Motivationstraining, Stufe 4« stand als Betreff auf der E-Mail. Er hatte sie ausgedruckt, »De-« vor das Wort »Motivationstraining« geschrieben und in den Papierkorb geworfen.

Er vermochte es bis dato, die Trainingsinhalte erfolgreich abzuwehren und dem Unternehmen, also dem Sponsor der denk- und fragwürdigen Veranstaltungen, nach und nach, reziprok zu den ungeschickten Versuchen, ihn, Patrick, mit dubiosen Mitteln zu manipulieren, seine Fähigkeiten und Ressourcen zu entziehen.

7:15 Uhr.

Um 8:00 Uhr muss Patrick das Haus verlassen. Die Kaffeemaschine spuckt gurgelnd duftenden Bohnenkaffee aus dem Filter in die darunter befindliche Glaskanne. Patrick zieht vorzeitig die Kanne von der Warmhalteplatte und füllt seinen Kaffeebecher mit der ersten Portion des heißen schwarzen Wachmachers. Kaffeetropfen treffen zischend auf die Warmhalteplatte. Die Kaffeemaschine unterbricht den Brühvorgang nicht. Beim Versuch, die Glaskanne wieder in die Maschine einzusetzen, tropft heißer Kaffee auf Patricks rechten Handrücken. Er kompensiert den Verbrühungsschmerz durch das Ausrufen einiger Begriffe aus der Fäkalsprache in Richtung Kaffeemaschine. Das kühlt nicht seine Hand, wohl aber sein erhitztes Gemüt.

Patrick lebt alleine. Jedenfalls seit er vor sechs Jahren sein Elternhaus verlassen und sich seine kleine Enklave in der Innenstadt eingerichtet hat. Ein 2-Zimmer-Apartment in der obersten Etage einer 19-stöckigen architektonischen Entgleisung der 70er Jahre. Er genießt aber die Anonymität in dem grauen Betonklotz, der ihn manchmal, wenn er abends auf die lieblos errichtete Immobilie zugeht, an die Legebatterie einer kreaturenverachtenden Hühnerhölle erinnert – oder an das graue Domizil der Firma Kessler. Er erlebt jedoch den fehlenden Kontakt zu seinen Nachbarn keinesfalls als Defizit, sondern eher als zielführende Bedingung für ein zurückgezogenes Dasein.

Genau so will er es. Es ist Patricks 38-qm-Eremitage.

7:19 Uhr

Nur mit einer Superman-Boxershorts bekleidet, lässt sich Patrick auf einen Küchenstuhl fallen, umklammert den Kaffeebecher und genießt die Wärme in seinen Händen. Die große Tasse hat er vor zwei Jahren von einem Irlandurlaub mitgebracht. Auf dem weißen Untergrund steht in grüner Schreibschrift »Phádraig«, umrahmt von kleinen Kleeblättern. Es ist die gälische Variante seines Vornamens.

7:30 Uhr.

Die Zeit wird knapp und Patrick immer nachdenklicher. Mal sehen, welche Unterhaltungsfragmente das heutige Seminar bieten wird. Entweder fliegen Stofftiere durch den Seminarraum oder Edding-Stifte und Tennisbälle wechseln ihre Besitzer. Wie auch immer. Man darf gespannt sein.

Patrick ruft sich die Seminare der Vergangenheit in Erinnerung und seine Neigung, am heutigen Seminar teilzunehmen, findet sich während des damit verbundenen Denkvorgangs im Nullbereich ein.

Vielleicht werden auch Flipcharts mit fragwürdigen Diagrammen bekritzelt oder farbenfrohe Powerpoint-Präsentationen dargeboten. Möglicherweise wird man zur Teilnahme an Rollenspielen ermuntert. Diese perfide Technik wurde seinerzeit beim vierten Seminar in Bad Breisig eingeführt. Man musste mitmachen! Das machte es für Patrick so perfide. Für die anderen Teilnehmer!

Patrick hingegen war begeistert. Zu gerne ließ er sich besetzten, um nicht anwesende Vorgesetzte oder Kollegen in verschiedenen Situationen des Büroalltags nachzustellen, zu kopieren oder zu persiflieren. Mit seinem Kollegen Andreas, ehemaliger Hausmeister des Logistikunternehmens, seit vier Monaten Facility-Manager, vermochte er es mühelos, jedes Volksbühnenensemble an die Wand zu spielen. Die Darstellung des neulich erst durch Beförderung unschädlich gemachten Controllers Dirk Blume aus der Buchhaltung fand sich in jedem der Seminare im Repertoire. Die Darstellung des Herrn Blume war denkbar einfach: Man tat nichts. Wirklich nichts! Man starrte lediglich faustgroße Löcher in die Luft und wartete auf die Gehaltsabrechnung. Gleichsam textfrei war die Rolle des Betriebsarztes angelegt: Ein wahrer Könner hinsichtlich Optimierung einträglicher Lethargie. Ein in unregelmäßigen Abständen vollzogenes akademisches Achselzucken sorgte schon für ausreichenden Wiedererkennungswert im Schulungsraum.

Die Seminarleiterin unterstellte den beiden Hauptdarstellern zuweilen einen Mangel an Seriosität und Sachlichkeit. Das Auditorium hingegen, bestehend aus Kolleginnen und Kollegen verschiedener Abteilungen der Firma Kessler, hatte sich königlich amüsiert. Auf Firmenkosten! Das machte es umso spaßiger. Die vier Damen aus dem Sekretariat der Hauptgeschäftsführung hatten sogar, hingerissen von Patricks und Andreas‘ Darstellungskunst, heftig applaudierend »Zugabe« gefordert.

Die wurde gerne gegeben! Die vier Chefsekretärinnen quietschten vor Vergnügen. »Herrlich, die beiden – oder? Mehr davon! Macht mal den dicken Heinemann aus der Zentrale!«

Und sie »gaben« den dicken Heinemann aus der Zentrale. Mehrfach.

An einem der vielen Seminarabende – zu einer nicht enden wollenden »Happy Hour« in einer Hotelbar – lagen sich diese vier Damen, seit der legendären Weiterbildungsmaßnahme in Bad Honnef »per du«, berauscht von den Ereignissen des Tages und etlichen Cocktails kichernd in den Armen.

»Mein … mein Chef bekommt seit Jahren k... k... kein Gehalt. Der kriegt eine Anwesenheitsprämie!«, ließ Frau Gerlinde Kaiser alle die Anwesenden wissen, deren Wahrnehmungsfähigkeit noch nicht durch Alkohol getrübt war. »Und ich!«, schrie Frau Brigitte Thelen vergnügt, »ich bekomme auch … auch … kein Gehalt! Ich bekomme Schweige … Schweigegeld!« Dabei vollzog sie eine ausladende Geste mit den Armen und stieß den vor ihr stehenden Longdrink um. »Ach, ist das … das herrlich!«

Ein gewisser Teil der Belegschaft war in der Tat von diesen Seminaren angetan oder gab zumindest vor, es zu sein, indem er aufmerksam an den Lippen der Trainerinnen und Trainer klebte und jeder veröffentlichten Pseudothese, so absurd sie auch war, einen angeblichen offenbarenden Inhalt zuwies oder sich zumindest erwartungsgemäß »erleuchtet« zeigte. Das gab Pluspunkte auf den Zertifikaten, die nach jedem Seminar ausgehändigt wurden. In Wirklichkeit waren es manipulierte Teilnahmebescheinigungen.

Wieder andere Kollegen fühlten sich fragwürdig unterhalten. Der Rest empfand sich erheblich belästigt und einer Abrichtaktion unterworfen, der es sich zu entziehen galt.

Der letzten Gruppe gehörte Patrick an. Das war die Gruppe, deren Mitglieder ihre mentalen Kündigungen ihrer Dienstverträge bereits in einen fiktiven Briefkasten am Eingang zur Führungsetage eingeworfen hatten, dort, wo es so streng nach Ignoranz und Arroganz roch.

7:40 Uhr.

Es wird knapp. Sehr knapp. In 20 Minuten muss er sich geduscht, rasiert, angezogen die U-Bahn-Station erreicht haben. Ein sinnloses Unterfangen! Patrick denkt: Ich will nicht. Ich will nicht da hin! Ich mag mich nicht in Verbiegungsseminaren verdummen lassen, mich nicht zu einem funktionierenden Teil einer intriganten Unternehmensstrategie verformen lassen, nicht zu einem Rädchen eines rückwärts laufenden Uhrwerks werden. Ich will *ich* bleiben!

7:50 Uhr.

Patrick nimmt einen weiteren Schluck Kaffee. Auf der Küchenuhr läuft der Countdown. Ihm ist klar: »Ich werde nicht mehr pünktlich im Büro erscheinen. Selbst wenn ich die nächsten zehn Minuten im Schnelldurchlauf lebe.«

7:51 Uhr.

Wenn Patrick heute unentschuldigt dem Büro fernbleibt, wird es einen weiteren Eintrag in seiner Personalakte geben. Einen hat er schon. Anlass des Aktenvermerks war seine Antwort auf die Frage der Trainerin im vorletzten dreitägigen Seminar in Siegburg, das in einem netten Hotel mit dreimaliger Übernachtung, Saunabereich und üppigen Buffets stattfand:

»Was nehmen Sie von diesem Seminar für sich mit nach Hause?«

Die Seminarleiterin, Frau Gabriele Vondenhöfen-Kuckelkorn, ehemals gescheiterte Diplom-Sozialarbeiterin und Mitinhaberin der Unternehmensberatung »Wege und Ziele«, die sich an nur einem Unternehmen dumm und dusselig verdiente, nämlich dem Logistikunternehmen Kessler, unterlag ihrer scheinbar ernsthaften Hoffnung, ihr Seminar »Vom Ich zum Du und Wir« hätte Patricks in 29-jähriger mühsamer Kleinstarbeit konstruierte Lebensphilosophie in Frage stellen und zu einer kognitiven Umstrukturierung (nämlich im Sinne des Unternehmens) führen können. Dem war nicht so. Ganz und gar nicht so!

Seine Antwort auf die Frage »Was nehmen Sie von diesem Seminar für sich mit nach Hause?« lautete: »Den Bademantel und die Schreibmappe!« Dies interpretierte Frau Vondenhöfen-Kuckelkorn immerhin korrekt als provokant und renitent. Und genau so hatte Patrick es auch gemeint. Es war keine Richtigstellung nötig. Patrick war der Sender, Frau Vondenhöfen-Kuckelkorn die Empfängerin. So hatte er es im Kommunikationstraining in Andernach 1998 gelernt. Er hatte seine Antwort aus der »Sachebene« abgeschickt, aber sie traf offenbar auf der »Beziehungsebene« bei der Trainerin ein. Ein Kommunikationsfehler. Dumm gelaufen!

Und so fand letztlich eine orthografisch zwar etwas ungereimte, aber dennoch möglicherweise arbeitsrechtlich untermauerte Aktennotiz Einzug in Patricks Personalakte.

Seine Erwiderung »Bademantel und Schreibmappe« auf die erwartungsvolle Frage der Sozialarbeiterin, die hartnäckigen Gerüchten zufolge auch Aktionärin einer Hotelkette war, und zwar der, in deren Hotels die Seminare seinerzeit stattfanden, hatte zwar die Humorzentren aller anwesenden Seminarteilnehmer erreicht, das der Seminarleiterin aber anscheinend weit verfehlt, sofern man Frau Vondenhöfen-Kuckelkorn das Vorhandensein eines solchen Zentrums unterstellen mag. Der Spruch »Bademantel und Schreibmappe« wurde jedenfalls zum »Running Gag« bei den Kollegen im Büro. »Markus, kannst du mir etwas aus der Kantine mitbringen?« »Klar, Ingo. Bademantel und Schreibmappe?«

Jener Frau Vondenhöfen-Kuckelkorn war während eines späteren Seminars beziehungsweise einer späteren »Happy Hour« unter massivem Alkoholeinfluss entglitten: »Meinen Sie, mir macht ... macht dieser Quatsch hier Spaß?«

Hatte sie sich etwa selbst demotiviert?

7:57 Uhr.

So etwas soll Patrick heute nicht widerfahren. Soeben hat sich Patrick entschieden, sich dem heutigen Seminar zu entziehen. Diesmal nicht nur mental, sondern auch körperlich. Auf allen Ebenen! Er findet diese Seminare einfach zum Kotzen! Ein unüberwindbares Motivationsdefizit stellt sich ein.

7:59 Uhr.

Patrick ruft in der Personalabteilung seiner Firma an und meldet sich krank. Brechdurchfall. »Ich werde das gerne weitergeben«, flötet Frau Melzer, die Personalsachbearbeiterin. »Einen schönen Tag noch!« Aha! Frau Melzer hat das »Blöde-Floskeln-Verbreitungs-Seminar« bereits absolviert. »Das finde ich total kollegial, kooperativ und serviceorientiert ...«, stöhnt Patrick leidend in den Telefonhörer. »Ihnen wünsche auch noch einen schönen Tag!«, ergänzt er mechanisch, was ihn augenblicklich nachdenklich macht. Hatte der Phrasenwahnsinn schon Besitz von ihm ergriffen? Es war anscheinend schlimmer, als er erwartet hatte.

8:05 Uhr.

Patrick hockt auf der Toilette. Brechdurchfall. Magen-Darm-Infekt. Gastroenteritis! Er übergibt sich selbst seiner niedergeschlagenen Stimmung und dann seinen Magen- und Darminhalt der Toilettenschüssel. Und so findet auch Patricks letzter Rest Loyalität zu seinem Arbeitgeber ihren Weg in die städtische Kläranlage. »Kläranlage«, stöhnt Patrick. Ihm wird klar, dass es einiges zu klären gibt. Möglichst bald. Am besten: heute!«

8:50 Uhr.

Befinden: somatisch unpässlich, psychisch verstimmt.

Position: sitzend.

9:15 Uhr.

Befinden: unverändert.

Position: sitzend, verkrampft. 9:16 Uhr.

Patrick angelt das kleine Transistorradio vom Regal, reißt die Antenne bis zum Anschlag aus dem Gerät und schaltet es ein. Dann wickelt er sich fröstelnd in seinen weißen Bademantel mit der roten Aufschrift »Parkhotel Siegburg«.

»Es verabschieden sich: Jacqueline (sagt Jean-Marcel) und Jean-Marcel (sagt Jacqueline). Hi, hi … Bis morgen früh! Einen schönen Tag noch!«, kichern beide im Chor.

»Oh mein Gott«, stöhnt Patrick.

14.15 Uhr.

Patrick bucht über das Internet einen Direktflug von Düsseldorf nach Dublin.

14.22 Uhr.

Das Flugticket gleitet surrend aus dem Tintenstahldrucker.

21.05 Uhr.

Der Airbus A320-200 der Aer Lingus Irish Airlines hebt flugplangemäß in Düsseldorf ab. Mit Patrick (Phádraig) an Bord.

22.13 Uhr.

Landung in Dublin. Während die Maschine auf ihre endgültige Landeposition rollt, schaut Patrick aus dem kleinen Fenster und liest über dem Ankunftsgebäude in grüner Leuchtschrift: »Fáilte go hÉirinn«. Willkommen in Irland!

22.14 Uhr.

»Und jetzt?«, denkt Patrick.

22.15 Uhr.
»Keine Ahnung!«, denkt Patrick.

22.19 Uhr.
Das Flugzeug hat seine Position erreicht. Die Triebwerke verstummen. Patrick hört das Klicken der sich öffnenden Sicherheitsgurte rings um sich. Die ersten Fluggäste verlassen die Maschine. Unter ihnen: Patrick.

Er weiß nicht, was er will. Aber er weiß jetzt, was er nicht will! Und für diese Erkenntnis hat sich der Flug gelohnt. Er erhebt sich aus seinem Sitz, sein Flugschein fällt zu Boden. Er hebt ihn auf. Ob es ein Zufall ist, dass es sich um ein »One-Way-Ticket« handelt?

Alkohol

Wenn Benjamin mit seinen Handballen einen Druck auf seine geschlossenen Augen ausübte, bis kurz vor dem Punkt, am dem er den Druck als Schmerz empfand, zeigten sich herrlich bunte Muster und helle Lichteffekte: Grüne Kreise tanzten hin und her und lösten sich mit roten und gelben Kringeln ab. Farbige Blitze leuchteten hinter seinen geschlossenen Lidern auf. Bunte Mosaiksteine flogen umher, die sich immer wieder zu neuen Bildern formatierten. Wellenartig breiteten sich farbenprächtige Linien aus, die sich zögerlich verbündeten und netzartig in den Hintergrund traten, um Platz für andere Muster und Ornamente zu machen.

Der siebenjährige Junge saß auf der Bordsteinkante, die Schultasche zwischen seine Füße geklemmt, die Ellenbogen auf die Knie gestützt und den Kopf in seine Handflächen vergraben. Für die Schule war es noch zu früh. Im Schulgebäude brannte noch nicht einmal Licht. Er hatte das Elternhaus wie schon so oft unter dem Vorwand, seinen Freund David abholen zu wollen, viel früher als rechtzeitig verlassen.

An diesem Morgen war Benjamin aus einem unruhigen Schlaf erwacht, fast eine Stunde, bevor der kleine Wecker auf dem Nachttisch geklingelt hatte. Er hatte aus der Küche die laute Stimme seines Vaters gehört, und aus Erfahrung wusste er: Sein Vater war wieder oder noch betrunken.

Aus einem zeitweiligen Betrinken hatte sich – vom Vater verleugnet oder verdrängt – ein Alkoholismus entwickelt. Und dessen Entwicklung nahm kein Ende. Die Abstände zwischen den väterlichen Alkoholexzessen wurden immer enger, die Spirituosen, mit denen er sich ins Vergessen trank, immer hochprozentiger und somit auch wirkungsvoller. Wählerisch war der Vater nicht mehr in der Auswahl der Getränke. Die Effizienz hatte Priorität.

Benjamin konnte sich kaum noch daran erinnern, wann er seinen Vater zum letzten Mal nüchtern und zugänglich erlebt hatte. Monate waren vergangen, seitdem sein Vater sich nach seinen schulischen Leistungen oder gar nach seinem Befinden erkundigt hatte. Benjamins Vater befand sich seit einem halben Jahr in einem Dauerzustand zwischen betäubter Resignation und stumpfer Aggression.

Es hatte an dem Tag begonnen, als Benjamins Vater arbeitslos geworden war. Seitdem war er vor dem Gefühl der Nutzlosigkeit auf der Flucht. Ausbleibende Lichtblicke unterstützten die Existenzangst, die sich in Benjamins Vater wie ein Parasit ausbreitete.

Mit 31 Jahren war er arbeitslos geworden. Von einer Stunde auf die andere. Als Benjamin an diesem Tag nach der Schule am Küchentisch saß und seine Hausaufgaben erledigte, war sein Vater in die Küche gekommen. Er trug eine Plastiktragetasche mit privaten Gegenständen aus seinem Schreibtisch in der Firma in der Hand: eine Kaffeetasse, ein kleines Notizbuch und einen Taschenkalender.

»Das war's!«, hatte er gesagt, die Tüte auf den Küchentisch und seine rechte Hand auf Benjamins Schulter gelegt.

Danach hatte er das Haus wieder verlassen, ohne sich nach seiner Frau erkundigt zu haben, die im Garten Wäsche aufhing.

Benjamin saß nach wie vor auf dem Gehsteig. Es waren immer andere Muster und Farben, die sich dem Jungen präsentierten. Unvorhersehbar und offenbar auch unbeeinflussbar, denn auch wenn Benjamin den Druck erhöhte, ein bisschen über die Schmerzgrenze hinaus, änderte sich nicht viel an den Farben und Mustern. Nur wenn er das Drücken unterbrach, kurz in den Himmel schaute und wartete, bis seine Augen sich an die Helligkeit gewöhnt und die verschwommenen Doppelbilder sich vereint hatten und er erneut auf seine Augäpfel drückte, entstanden neue Muster und Farben. Für den Jungen waren es Lichtblicke.

Nachdem Benjamin an diesem Morgen fast eine Stunde annähernd regungslos in seinem Bett auf das Klingeln des Weckers gewartet hatte, angestrengt und ängstlich auf die Geräusche im Haus lauschend und unfähig, sich seiner sich selbst übertragenen und ihn völlig überfordernden Verantwortung gegenüber seinen Eltern zu entziehen, war er aus dem Bett gestiegen.

Bevor er die Tür geöffnet und die Treppen hinunter in die Küche gestiegen war, hatte er einmal tief eingeatmet. Er ahnte, was ihn unten in der Küche erwartete, denn der morgendliche Ablauf war seit vielen Wochen standardisiert. Möglichst langsam, um noch etwas Zeit verstreichen zu lassen, war Benjamin in seinem Schlafanzug mit nackten Füßen die kalte Holztreppe hinabgestiegen.

Die Küchentür stand offen. Benjamin sah seine Mutter am Küchentisch sitzen. Sie weinte. In der rechten Hand hielt sie einen Kaffeebecher, zwischen den Fingern der linken Hand steckte eine Zigarette, an der sie offenbar lange nicht mehr gezogen hatte; ein zwei Zentimeter langes Aschenstück drohte von der Zigarette auf die Tischdecke abzufallen.

»Dein Kakao ist schon fertig«, sagte die Mutter und senkte den Kopf, vermutlich, um ihre verheulten Augen zu verbergen. Aber Benjamin hörte an ihrer Stimme, dass sie weinte. »Warte, ich mache dir sofort deine Cornflakes! Geh dich zuerst waschen, Benni! Wenn du wieder herunterkommst, ist alles fertig.«

»Wo ist er?«, fragte der Junge leise. Das Wort Papa kam ihm schon lange nicht mehr über die Lippen. Benjamin hörte die Antwort auf seine Frage aus dem benachbarten Wohnzimmer: Schubladen wurden aufgezogen und geräuschvoll wieder geschlossen, Schranktüren wurden aufgerissen und wieder zugeworfen, begleitet von undeutlichem Schimpfen seines Vaters. »Irgendwo hier, ich weiß es genau!«, hörte Benjamin, kurz bevor sein Vater wutschnaubend in die Küche kam. Nur mit einer Schlafanzughose bekleidet, machte er einen weiten Bogen um seinen Sohn, den er einfach *übersah*, und herrschte die Mutter an: »Wo hast du sie versteckt?«

Benjamin wusste, dass sein Vater Flaschen mit Alkohol im Haus versteckte, ja, geradezu lagerte, die er, wenn er einen beruhigenden Schluck daraus nehmen wollte oder musste, manchmal nicht mehr fand. Vor einigen Tagen hatte Benjamin einen leeren »Flachmann« in der rechten Seitentasche seines Anoraks gefunden. Diese Flachmänner waren offenbar Vaters neue Freunde. Sie fanden sich in allen Winkeln des Hauses, zumeist leer.

Einmal klopfte Benjamin im Wohnzimmer ein Sofakissen zurecht. Er wollte es sich vor dem Fernseher bequem machen. Er hörte das Geräusch von Glas, das gegeneinanderschlägt, und brauchte nicht lange zu suchen: Hinter dem Kissen fand er drei leere Fläschchen, daneben drei kleine Schraubverschlüsse. Benjamin hatte den Fund draußen in die Mülltonne entsorgt. Das Geräusch gegeneinanderschlagenden Glases sollte für Benjamin der konditionierte Beginn eines angstbesetzten Liedes werden. Die damit verbundenen Gefühle sollten zu seinem ständigen Begleiter werden.

Anfangs hatte der Vater diese Miniaturflaschen, als er selbst noch das Haus verließ und einkaufen ging, ins Haus geschmuggelt und versteckt. Wochen danach war er dazu übergegangen, sie sich von seiner Frau zu erbetteln und letztlich sogar lautstark einzufordern. Und nur wenig später waren aus den kleinen Fläschchen große Flaschen geworden.

»Ich besorge was«, sagte Benjamins Mutter leise. »Sofort.«

Benjamin blickte hinunter zu seinen Füßen. Er wusste, dass sein Vater keine Ruhe geben würde, bevor er nicht seine morgendliche Alkoholration erhalten hatte. Erst jammerte er, dann bettelte er, dann forderte er. Und die Mutter hatte gelernt, durch gezielte Verabreichung der eingeforderten Substanz eine Eskalation der väterlichen Suchaktion, wie sie schon einige Male zu Hause stattgefunden hatte, zu vermeiden.

Während der letzten Fahndung seines Vaters nach Alkohol, getrieben von süchtigem Verlangen und dem zwanghaften Ziel, ein nüchtern werden zu verhindern, war Geschirr aus dem Wohnzimmerschrank zu Bruch gegangen und das Regal mit den Büchern, hinter denen der Vater einige Exemplare noch nicht geleerter Flachmänner vermutet hatte, war der väterlichen Enttäuschung und Wut zum Opfer gefallen, als er nichts Trinkbares vorgefunden hatte.

Er hatte das Bücherbrett mit Schrauben und Dübeln aus der Wand gerissen. So stand das Regal seit Wochen senkrecht in die Wohnzimmerecke gelehnt. Die Bücher lagen aufgetürmt daneben.

Deshalb hatte Benjamins Mutter stets eine Flasche Alkohol im Haus versteckt. Es galt, eine Unterversorgung an Alkohol zu vermeiden. Sie bevorratete stets eine Flasche Whisky. Für die Notfälle, die sich zunehmend häuften.

Mittlerweile war Benjamins Mutter dazu übergegangen, ihre Einkäufe in verschiedenen Geschäften zu erledigen, um zu vermeiden, von Nachbarn oder Geschäftsleuten auf den sprunghaft angestiegenen Erwerb alkoholische Getränke angesprochen zu werden. Es war ihr bisher gelungen. Mittlerweile gehörte es zu ihrer Strategie, mit dem Bus in andere Stadtteile zu fahren, um für Nachschub an Alkohol zu sorgen. Aber es wurde immer mühsamer, die bisherige gutbürgerliche Fassade aufrecht zu erhalten. Immer wieder erkundigten sich Nachbarn und Freunde nach ihrem Mann, der jeden sozialen Kontakt abgebrochen hatte. Sie erfand

Entschuldigungen, an die sie zunächst noch selbst glaubte. Letztlich war es ihr gleichgültig, ob die Nachbarn sie für glaubwürdig hielten oder nicht.

»Bitte Benni, geh duschen!« Benjamins Mutter warf die Zigarette, ohne sie ausgedrückt zu haben, in den Aschenbecher, der vor ihr auf dem Küchentisch stand. »Warte, ich gehe mit dir nach oben!«

Die Mutter öffnete die Badezimmertür und schob ihren Sohn vor das Waschbecken. »Zuerst Zähne putzen«, sagte sie. Während sich Benjamin das Oberteil seines Schlafanzuges über den Kopf zog, öffnete die Mutter den Wäschekorb, versenkte ihre Arme darin und förderte unter der getragenen Wäsche und den gebrauchten Handtüchern eine halb volle Flasche Wodka hervor. »Das sollte vorerst reichen«, murmelte sie verbittert und verließ das Badezimmer. Im Türrahmen wandte sie sich an ihren Sohn: »Ich weiß, dass ich einen Fehler mache«, sagte sie entschuldigend. »Dein Vater ist krank! Es wird aber besser.«

Das sah Benjamin anders. Das Versprechen seiner Mutter deckte sich gar nicht mit seinen Beobachtungen während der vergangenen Monate. Im Gegenteil. Er fand, es wurde immer schlimmer.

Der Junge wusste: Sein Vater würde jetzt eine Alkoholration bekommen, die ihn müde und bis zum Mittag bettlägerig machen würde. So war es jeden Morgen. So war es jeden Tag. Benjamin würde seinen Vater heute nicht mehr zu Gesicht bekommen, es sei denn, er wollte ihn bewusstseinsgetrübt im Bett liegen sehen. Bevor er heute aus der Schule nach Hause kommen sollte, würde sein Vater kurz aus dem Tiefschlaf erwacht sein, ein Mittagessen verabreicht bekommen haben und, gefolgt von einer weiteren Alkoholportion, die ihn bis zum späten Abend ruhigstellen würde, zu Bett gehen.

Benjamin drückte einen Klecks Zahnpasta auf seine Zahnbürste. Er dachte neidisch an seine Schulfreunde, die mit ihren Vätern gemeinsame Dinge unternahmen, über die sie dann in der Schule aufgeregt berichteten. Dabei geriet er immer stärker unter Zugzwang, denn Benjamin hatte keine entsprechenden Geschichten zu erzählen. Anfangs hatte er sich noch fantasievolle Reportagen über aufregende Ausflüge mit seinem Vater ausgedacht.

Aber auch das war ihm zunehmend schwerer gefallen. Es wollten ihm keine neuen Geschichten mehr einfallen. Eine Geschichte zu erfinden, in der ein fiktiver Vater vorkommt, wurde für Benjamin zur unlösbaren Aufgabe, denn sein *richtiger* Vater hatte sich seiner Erinnerung fast vollständig entzogen.

David, sein bester Freund, wusste, wie es zu dieser Zeit in Benjamins Zuhause zuging. »Weißt du, sei froh, dass du noch einen Vater hast«, sagte David einmal tröstend zu Benjamin, als dieser ihm sein Herz ausschüttete. Davids Vater war bei einem Autounfall vor drei Jahren zu Tode gekommen. »Es ist nicht schön, keinen Vater mehr zu haben!«

»Ach, David«, sagte Benjamin. »Manchmal wünsche ich mir, keinen Vater zu haben. Besser keinen Vater als den, den ich jetzt habe!«

Damit hatte Benjamin in Worte gefasst, was er schon lange dachte. Dieser Wunsch, lange in ihm gereift und letztendlich ausgesprochen, sollte ihm zum Verhängnis werden.

Benjamin spuckte die Zahnpasta in das Waschbecken und schöpfte mit der hohlen Hand Wasser in seinen Mund. Er jagte das Zahnpasta-Wassergemisch von einer Wangeninnenseite in die andere, schluckte es hinunter und beschloss, auf das Duschen zu verzichten. Aus strategischen Gründen.

Duschen ist laut. Er hatte Angst, den akustischen Kontakt zur Küche zu verlieren, in der es bislang still geblieben war. Er wollte dem weiteren Handlungsablauf folgen: Sein Vater würde, unter dem Einfluss des Alkohols, der ihm gerade in der Küche gereicht wurde, in wenigen Minuten die Holztreppe hinauf gestampft kommen, das Schlafzimmer betreten und sich auf das elterliche Doppelbett fallen lassen, das er allerdings seit vier Monaten alleine beschlief, ja, fast bewohnte. Benjamins Mutter hatte sich längst ein Schlaflager auf dem Sofa im Schlafzimmer eingerichtet, auf dem sie aber offensichtlich keine Ruhe fand. Sie wurde immer reizbarer und nervöser, hatte dunkle Ringe unter den Augen und rauchte wieder, nach mehrjähriger Nikotinabstinenz.

Benjamin hielt seinen Kopf unter den Wasserhahn. Wie lange ist das jetzt schon so?, versuchte sich der Junge zu erinnern. Er ging in sein Zimmer, zog die Sachen vom Vortag an, eilte noch einmal zurück ins Badezimmer und warf einen kurzen Blick in den Spiegel: Er fand, dass er geduscht aussah.

Schnell suchte er wieder sein Zimmer auf, griff nach seiner Schultasche und stieg die Treppe hinunter. Viel zu früh. Erst in über einer Stunde würde der Unterricht in der Schule beginnen.

Der Vater torkelte ihm auf der Treppe entgegen. Er murmelte etwas Unverständliches vor sich hin und zog sich mit beiden Händen am Treppengeländer weiter treppauf. Benjamin drückte sich an seinem Vater vorbei hinunter.

Im Flur ließ er seine Schultasche fallen und tastete automatisiert seinen Anorak ab, der an der Garderobe hing. Tatsächlich aber fanden sich schon lange keine Fläschchen mehr. Die Zeit der kleinen Flaschen war längst vorbei.

Mit dem rechten Arm in der Jacke ging er in die Küche zu seiner Mutter und ließ sich von ihr in die Arme nehmen. »Trink doch wenigstens deinen Kakao!«, bettelte die Mutter und kämpfte mühsam gegen Tränen an. »Es wird bald besser«, versprach sie ihrem Sohn, während sie ihm half, auch seinen linken Arm in dem Anorak unterzubringen. »Und mach den Reißverschluss zu«, bat sie ihn. »Es ist kalt draußen.«

Benjamin sah seine Kakaotasse auf der Spüle stehen. Er griff nach ihr und nahm einen kräftigen Schluck daraus. Seiner Mutter zuliebe. Die hatte schließlich ganz andere Sorgen. Der Kakao war in der Zwischenzeit kalt geworden. Als er die Tasse absetzte, sah er die leere Schnapsflasche auf der Spüle stehen.

Es gab Zeiten, zu denen Benjamins Mutter es zu verhindern gewusst hatte, dass ihr Sohn ohne Frühstück das Haus verließ. Aber seit einiger Zeit nahm sie es widerstandslos hin.

Wortlos hatte Benjamin das Haus verlassen.

Manchmal kam sein Vater, wenige Minuten, nachdem er sich ins Schlafzimmer zurückgezogen hatte, noch einmal in die Küche, um nach mehr zu betteln. Der Vater wusste: Mit jeder Höherdosierung ließ sich der Alkoholrausch schneller einleiten und deutlich verlängern.

Benjamin saß immer noch vor der Schule auf dem Bordstein und wartete auf den Unterrichtsbeginn. Er zog sich in einen Kosmos aus schillernden Kreisen, leuchtenden Punkten und ungeordneten Linien zurück.

»Wie lange noch?«, dachte der Junge und drückte stärker zu.

Zwei Tage später wurde Benjamins Vater von zwei Sanitätern aus dem elterlichen Schlafzimmer geführt und in ein Krankenhaus gebracht. Am Abend dieses Tages starb Benjamins Vater im Alter von 31 Jahren an Herzversagen.

Besser keinen Vater als den, den ich jetzt habe!, hatte Benjamin sich gewünscht. Sein Wunsch war in Erfüllung gegangen.

Ein schlechtes Gewissen stellte sich ein.

Etliche Jahre später, als Benjamin seinem damaligen Freund David beim ersten Klassentreffen nach dem Abitur gegenüberstand, erinnerte er sich wieder an seinen damaligen Wunsch und an dessen unverzügliche Erfüllung. Immer noch wurde er von einem schlechten Gewissen gequält, und er machte sich damals wie heute qualvolle Vorwürfe, seinen Wunsch ausgesprochen zu haben, ja, auch schon darüber, ihn gedacht zu haben. Aber es ist nicht sinnvoll, mit dem Wissen von heute Dinge aus der Vergangenheit zu bewerten. Das wusste Benjamin, aber er fühlte anders.

»Schön, dich wiederzusehen!«, riss David seinen ehemaligen Schulfreund aus dessen Gedanken und stieß sein Bierglas gegen Benjamins Cola-Glas.

Glas an Glas! Das unheilverkündende Geräusch seiner Kindheit!

Benjamin zuckte unwillkürlich zusammen. »Ich freue mich auch«, sagte er abwesend, stellte das Cola-Glas ab und drückte seine Handballen gegen die Augen.

»Der Zigarettenrauch brennt wie Feuer in meinen Augen«, brachte er noch hervor, bevor er das Lokal verließ.

Roland und der Psychiater

Roland war gerade zwölf Jahre alt geworden, als seine Eltern dem Drängen seiner Lehrer nachgaben und damit auch den viele Jahre zuvor ausgesprochenen Empfehlungen seiner Kindergärtnerinnen endlich entsprachen: Sie vereinbarten für Roland einen Termin bei einem Psychiater.

Zufällig hatte er wenige Wochen zuvor einen Fernsehfilm gesehen, in dem ein Psychiater die Hauptrolle spielte und der größtenteils im Sprechzimmer des Arztes spielte. Roland ahnte also in etwa, was auf ihn zukommen sollte, und er hatte somit ausreichend Gelegenheit, sich auf den wahrzunehmenden Termin vorzubereiten.

In der Praxis des Psychiaters oder in der Ordination, wie der Arzt im Film seine Wirkungsstätte genannt hatte, sollte es keine medizinischen Geräte oder Instrumente geben, vor denen Roland sich hätte fürchten müssen. Kein Piksen, Stechen oder Drücken. Er unterlag der Vorstellung, ein Abenteuer läge vor ihm. Kurz und schmerzlos stellte er sich seinen Besuch beim Psychiater vor. Beides sollte nicht zutreffen.

Zu keinem Zeitpunkt machte er sich aber Gedanken darüber, warum man ihn dort hinschicken zu müssen glaubte. Dies war umso unerklärlicher, da er sich üblicherweise über alles Mögliche umfangreiche und ergebnislose Gedanken machte, die ihn mehr verwirrten als beruhigten. An dieser Stelle versagte aber Rolands ständiger Grübelzwang und er nahm die Aufforderung seiner Eltern gefasst und gelassen hin, sich, warum und womit auch immer, einem Psychiater anzuvertrauen.

Am Morgen des Untersuchungstages hatte Roland nach dem Duschen seine Füße noch einmal ergänzend über dem Waschbecken mit einem wohlriechenden Seifenstück bearbeitet, das er aus dem privaten Regal seiner älteren Schwester genommen hatte. Nach dem Abtrocknen zog er frische und ungestopfte Socken an, die er am Vorabend aus der Schublade seines Kleiderschrankes herausgesucht und bereitgelegt hatte.

Roland wusste nämlich, dass seine Untersuchung beim Psychiater überwiegend aus einer Befragung bestehen würde, im Rahmen derer er dem Arzt auf einem Sofa liegend Rede und Antwort zu stehen hatte. Deshalb die erweiterte Fußwaschung am Morgen. Die Folgen einer vernachlässigten Fußhygiene waren ihm aus dem wöchentlichen Sportunterricht vertraut.

Solchermaßen ausgerüstet und nach seinem Dafürhalten bestens vorbereitet, völlig unbefangen und durchaus neugierig gestimmt machte sich Roland mehr als rechtzeitig auf den Weg zur Praxis des Psychiaters.

Unterwegs versuchte er, sich seinen mutmaßlichen Untersucher bildlich vorzustellen, wobei er auf Bilder des erwähnten Spielfilms zurückgriff: ein großer grauhaariger Mann in einem dunklen Anzug, der in schweren, edel knirschenden Lederschuhen auf dem knarrenden Dielenboden seiner Ordination kleine Runden drehte und an einem kalten Zigarrenstummel saugte, während er auf einem Schreibblock Notizen zu den Antworten schrieb, die Roland ihm – in tadellosen Socken sowie blitzblanken Inhalten selbiger – auf einem Diwan liegend geben würde.

Es war Roland während seiner bis dahin gelebten elf Jahre absolut nicht verborgen geblieben, dass andere Menschen ihn zuweilen als sonderbar erlebten. Er sich selbst aber nicht. Er hatte sich bislang zu keinem Zeitpunkt seltsam oder eigenartig erlebt. Als Seltsam und eigenartig empfand Roland eher die anderen. Er fand sich in Ordnung und fühlte sich meistens wohl. Na ja, jedenfalls hin und wieder. Genau genommen: eher selten. Sehr selten.

Roland war alles andere als pflegeleicht und er gab seine »Pflegeanleitung« auch nicht bekannt. Mit den Folgen lebte er tapfer. Aber die anderen hatten Probleme mit ihm. Roland fand, dass das aber die Probleme der anderen waren. Aber warum saßen die dann nicht in den Wartezimmern der ortsansässigen Psychiater?

Lediglich aus dem mehr als fragwürdigen Sachverhalt heraus, weil sich die anderen in der Mehrheit zu befinden schienen, hatten seine Eltern beziehungsweise seine Mutter, von Rolands Klassenlehrer vor wenigen Wochen erneut und eindringlich unter Druck gesetzt und geradezu genötigt, in der Praxis des Psychiaters Stefan Hofmann angerufen und den Termin für ihren Sohn Roland vereinbart. Was genau Roland da sollte, wusste er nicht. Die Motive für die Empfehlungen seiner Lehr- und letztlich auch seiner Erziehungsberechtigten blieben ihm verborgen und interessierten ihn auch nicht sonderlich.

Und so fand sich Roland, durchaus guter Dinge, an einem Donnerstag im Sommer des Jahres 1978, zehn Minuten vor 17 Uhr, vor einem alten Wohnhaus in der Lessingstraße ein, an dessen rosagestrichener Fassade das Praxisschild des Herrn Stefan Hofmann geschraubt war. »Arzt für Psychiatrie« las Roland von dem schwarz-weißen Emailschild ab und fühlte sich intuitiv gut. Möglicherweise löste der Begriff »Psychiater« in ihm ein Gefühl der Wichtigkeit oder Besonderheit aus. Er wusste nicht so genau, welche Aufgabe diese medizinische Fachrichtung erfüllte. Und auch etwas Einmaliges verknüpfte er mit dem bevorstehenden Arztbesuch, zumindest im Hinblick auf die Einmaligkeit seines Besuches bei Herrn Hofmann. Roland sollte den Psychiater öfter zu sehen bekommen, als er, Roland, und auch sein künftiger Psychiater, Herr Hofmann, zu diesem Zeitpunkt ahnten.

Unter seinem Namen und seiner Berufsbezeichnung hatte der Arzt noch »Sprechzeiten nach Vereinbarung« und »3. Etage« drucken lassen.

Wenn Dirk ihm nach den Sommerferien zum hundertsten Male seine maximal vier Zentimeter lange und wirklich unbedeutende Narbe präsentieren würde, die nach seiner Blinddarmoperation vor zwei Jahren ebenso sinnvoll wie notwendig geworden war, würde Roland ein »Ass im Ärmel« haben.

»Ich war neulich beim Psychiater!« Das, so war er sich sicher, würde Dirks unspektakuläre Narbe endgültig verblassen lassen.

Auf der Lessingstraße herrschte Berufsverkehr. Seit zwei Wochen lastete eine drückende Hitze auf der Stadt und das seit vier Tagen angekündigte Gewitter war bisher ausgeblieben.

Die massive Eichentür des vierstöckigen Patrizierhauses war nur angelehnt. Im Treppenhaus war es dunkel, kühl und still. Es roch nach Bohnerwachs. Der Duft erinnerte Roland an seine Oma, die bis zu ihrem Tod vor zwei Jahren am Stadtrand wohnte und die Holzböden ihres kleinen Hauses mit Bohnerwachs pflegte beziehungsweise während ihrer letzten Lebensjahre pflegen ließ. Roland glaubte, den Geruch und sogar das von seiner Oma verwendete Produkt wiedererkannt oder besser wiedererrochen zu haben.

Er hatte die zweite Etage erreicht. Auf jedem Stockwerk lagen zwei Wohnungen, jeweils links und rechts des Treppenabsatzes. Die Namen der Mieter hätte er von kleinen Messingschildern an den Türen ablesen können, sofern es Roland interessiert hätte zu erfahren, wer dort wohnte. Mit einem Gefühl der Ehrfurcht legte Roland seine rechte Hand auf den von tausenden Händen glatt polierten Handlauf des hölzernen Treppengeländers und stieg weiter die Stufen hinauf.

Dieses Haus flößte dem Jungen Respekt ein. Schon der Flur und die Treppe nach oben erfüllten reichlich die Erwartungen, die Roland in seiner Fantasie, mit der er großzügig ausgestattet war, an einen Besuch beim Psychiater assoziiert hatte. Vorsichtig setzte er seine Turnschuhe auf die Holzstufen, um das typische Turnschuhquietschen zu vermeiden. Er fand, so ein profanes sportliches Geräusch passe einfach nicht in dieses Gebäude. Unterwegs zur dritten Etage fragte er sich, ob er in kurzen Hosen und gelbem Kurzarmhemd der Umgebung und dem Anlass entsprechend gekleidet war. Zu spät.

Roland stand vor der Tür der psychiatrischen Praxis. Sie lag auf der rechten Seite des Treppenabsatzes. Über dem Messingschild mit der Gravur »Praxis« drückte er seinen rechten Zeigefinger auf den Klingelknopf. Mit der linken Hand fuhr er sich durch die verschwitzten widerborstigen blonden Haare.

Bis auf einen leisen Dreifachgong hörte Roland nichts aus dem Inneren der Praxis. Keine Stimmen, keine Schritte, kein klingelndes Telefon und kein Schreibmaschinengeräusch. Es war so völlig anders als bei einem Besuch bei seinem Hausarzt Dr. Küpper. Aber Roland stand jetzt ja auch vor einer Ordination! Ohne Frage: Ihm gefiel das Wort, und er suchte sogleich nach künftigen Verwendungsmöglichkeiten dafür.

Wenn Dirk ihn am ersten Schultag nach den Sommerferien mit »Ich war in Spanien!« begrüßen würde, könnte er mit »Ich war in einer Ordination!« kontern. »Ich habe einen Psychiater in seiner Ordination konsultiert!« Das klang prima. Das gefiel Roland gut. Ausgesprochen gut!

Aber: Er stand immer noch vor verschlossener Tür und sah diese Konsultation zunehmend gefährdet. Sollte er noch einmal klingeln? Oder warten? Oder gehen?

Als Roland sich in dieser elementaren Phase der Entscheidungsfindung befand, öffnete ein junger Mann in Jeans und T-Shirt die Tür. »Roland?«, fragte der Mann freundlich lächelnd, reichte dem jungen Patienten die Hand und zog diesen, noch bevor Roland die Frage hinsichtlich seiner Identität beantworten konnte, in den hellen Flur der Ordination. »Stefan Hofmann«, stellte sich der Türöffner vor: »Ich bin Psychiater.«

Roland hatte gedacht, es hätte sich bei dem jungen Mann um den Sohn des Psychiaters gehandelt, und er hatte erwartet, dass dieser seinen Vater von seinem überaus pünktlichen Erscheinen in Kenntnis setzen würde. Von einem Sprechstundenhelfer hatte Roland nämlich noch nie gehört.

»Nimm noch fünf Minuten hier Platz«, sagte Herr Hofmann. »Ich komme dich gleich holen.« Er deutete auf eine Stuhlreihe an der linken Wand des Vorraumes und verschwand hinter einer Tür auf der rechten Seite. »Bis gleich!« Die Sohlen der weißen Sportschuhe des Herrn Hofmann quietschten laut über den hellgrauen Fliesenboden.

So jung hatte Roland sich den Psychiater nicht vorgestellt. Vor allem nicht so »normal«: In Jeans, T-Shirt und Turnschuhen! Stefan Hofmann machte auf Roland einen sympathischen Eindruck, aber dennoch ließ er sich etwas enttäuscht auf den mittleren der fünf weißen Stühle nieder, um sich der Betrachtung eines Gemäldes zu widmen, das an der gegenüberliegenden weißen Wand hing. Ein merkwürdiges Bild: ein roter Punkt auf einer quadratischen, schwarz bemalten Leinwand.

Dieses Bild und die fünf mit weißem Kunstleder bespannten Stahlrohrstühle waren die einzigen Einrichtungsgegenstände oder Objekte, die der Empfangsraum der Ordination aufzuweisen hatte, bei dem es sich, wie Roland später erfahren sollte, auch gleichzeitig um das Wartezimmer handelte.

Er sah sich das Gemälde genauer an und versuchte sich vorzustellen, wie das Werk aussehen würde, wenn der Künstler einen schwarzen Punkt auf einen roten Hintergrund gemalt hätte. Oder einen gelben Punkt vor einen blauen Hintergrund. Roland schaffte es spielend, zwischen den einzelnen Versionen hin- und her zu schalten und sich die Ergebnisse vor Augen zu führen. Das Was-wäre-wenn-Spiel war Rolands liebste Beschäftigung, der er sich stundenlang hingeben konnte, wenn er alleine war. Und das war sehr oft.

Einer einheitlich grün gestrichenen Leinwand hätte Roland durchaus einen imaginären Grünen Punkt aufinterpretieren können. Und selbst hinter dieser flächendeckenden grünen Grundierung hätte er noch etwas vermuten können. Das war eine der Fähigkeiten, die ihm manchmal Probleme bereiteten, nämlich immer dann, wenn er sich in seinen Fantasien verlor und nicht mehr rechtzeitig herausfand.

Roland hätte mit der Bildinterpretation endlos weitermachen können, aber der Psychiater trat aus dem Zimmer, in das er vor wenigen Minuten verschwunden war. Er ließ die Tür offen. »Komm zu mir«, sagte er freundlich und ließ Roland den Vortritt in seine Ordination.

War Roland zu diesem Zeitpunkt schon etwas enttäuscht, was seinen geistigen Entwurf der psychiatrischen Praxis und dessen Betreiber betraf, zerbröselte seine dunkle Vorstellung jetzt völlig, um einer hellen Realität Platz zu machen: keine dunklen Eichenmöbel, keine schweren Vorhänge an den Fenstern, keine Holzfußböden. Und: kein Sofa! Rolands wohlüberlegte Vorbereitung am Morgen erwies sich schlagartig als überflüssig. Er sollte keine Gelegenheit bekommen, dem Psychiater seine Weitsicht zu demonstrieren. Er würde Herrn Hofmanns Fragen nicht mit einwandfrei präparierten Füßen in frischen Socken auf einer imposanten Chaiselongue liegend beantworten.

Roland fand sich in einem hell eingerichteten Raum mit hellen Möbeln und modernen Lampen wieder. An den drei Fenstern hingen keine dunklen Vorhänge, sondern weiße, heruntergelassene Jalousien, die, unter Zuhilfenahme der Nachmittagssonne, gleichmäßige Streifenmuster auf den hellen Fliesenboden zeichneten. Roland musste sich zurückhalten, um nicht unverzüglich mit dem Zählen der Lamellenschatten zu beginnen.

Herr Hofmann nahm hinter einem großen Schreibtisch Platz und deutete auf die beiden Stühle, die davorstanden. Sie stammten aus der gleichen Serie wie die fünf Stühle im Vorzimmer. Ebenso wie die Sitzgelegenheit, auf der Rolands mutmaßlicher Untersucher selbst Platz nahm. Der Junge entschied sich für den rechten Besucherstuhl und setzte sich erwartungsvoll hin.

»Was kann ich für dich tun?«, fragte Herr Hofmann und nahm ein weißes Blatt Papier aus der Schreibtischschublade. Das war auch, bis auf eine moderne Schreibtischlampe, die bedenklich nah am äußersten rechten Rand des Schreibtisches stand, und einen dunkelbraunen ledergebundenen Terminkalender, alles, was die großflächige helle Tischplatte füllte: ein weißes Blatt Papier, der Lampenfuß, der aufgeschlagene Terminkalender und Herrn Hofmanns Hände. In einer davon, nämlich der rechten, hielt er einen altmodischen Füllfederhalter.

Roland wusste nicht, was er auf diese Frage hätte antworten sollen. Er war vom Kopf bis zu den Füßen völlig unvorbereitet in die Ordination gekommen. Na ja, nicht ganz:

Rolands Füße waren vorbereitet, sein Kopf aber nicht. Ohne eine Antwort auf seine erste Frage abzuwarten, erkundigte sich der Arzt: »Roland, hast du Probleme, mit deinen Klassenkameraden und Freunden zurechtzukommen?«

Hierauf wusste Roland allerdings eine Antwort: »Nein, habe ich nicht. Aber die mit mir!« Und dann brach es aus Roland heraus. Er konnte die Tränen nicht zurückhalten.

»Meine Klassenkameraden wissen nicht, wie ich, bin und Freunde habe ich keine. Nur den Dirk. Der ist in meiner Klasse. Und den finden auch alle komisch.«

»Weißt du, wer und wie du bist?«, wollte der Psychiater von Roland wissen. »Verstehst du dich gut mit dir?« Er legte den Federhalter beiseite und reichte Roland ein Papiertaschentuch.

Tränen und Heulkrämpfe schienen in der Ordination des Herrn Hofmann auf der Tagesordnung oder sogar im Terminkalender zu stehen, denn das Taschentuch hatte der Psychiater aus einer beachtlichen Familienpackung gezupft, die in der obersten Schublade seines Schreibtisches lagerte. Herr Hofmann stand auf, umschritt seinen Schreibtisch und setzte sich auf den freien Stuhl neben Roland, für dessen Empfinden viel zu nah. Ein Fluchtimpuls wurde spürbar.

»Falls nicht, sollten wir versuchen, das gemeinsam herauszufinden«, schlug der Psychiater vor. »Bist du bereit dazu?«

Roland lief weg. Das heißt: Er stand auf und ging zum Fenster. Er blickte durch die weißen Lamellen hinunter auf die Straße und putzte sich, geräuschvoller, als er erwartet hatte, die Nase.

»Einverstanden?«, hörte er Herrn Hofmann hinter sich fragen.

»Ich glaube, schon«, sagte Roland leise, stopfte das feuchte Papierknäuel in seine rechte Hosentasche und ging zurück zum Schreibtisch.

Als er sich setzte, stellte er fest, dass Herr Hofmann die beiden Stühle davor neu angeordnet hatte. Der Psychiater und Roland saßen sich jetzt direkt gegenüber. »Prima«, sagte der Arzt und reichte seinem neuen Patienten die rechte Hand. »Ich freue mich auf unsere Zusammenarbeit!«

»Ich auch«, sagte Roland leise, nahm die gereichte Hand entgegen und war sich unsicher, ob er sich wirklich darauf freute. Zumindest fühlte sich die Hand des Herrn Hofmann nicht unangenehm an.

»Bevor wir loslegen, habe ich noch eine Frage«, sagte Herr Hofmann. »Wie machst du das?« Er deutete dabei auf Rolands Hände und meinte das leise Knacken, das Roland in seinen Fingergelenken verursachte, indem er einzeln an seinen Fingern zog. Das tat er immer, wenn er auf etwas wartete oder etwas erwartete.

»Man muss ruckartig an den Fingern ziehen, dann knackt es«, erklärte Roland. »Das kann ich aber nur vier oder fünfmal am Tag. Der Daumen ist der lauteste.«

»Erstaunlich!«, fand der Psychiater.

»Stört es Sie?«, fragte Roland irritiert und hörte unverzüglich mit dem Fingerzerren auf. Am Ringfinger und an dem kleinen Finger der rechten Hand hatte er noch nicht gezogen.

»Nein«, lachte der Arzt, »lass knacken!«

Der Psychiater schien Roland zu mögen und zu verstehen. Endlich jemand! Und Roland redete. Er redete fast ununterbrochen. Herr Hofmann unterbrach Rolands ungewöhnliche Redseligkeit nur, wenn er eine Rückfrage stellen zu müssen glaubte. Aber er machte sich keine Notizen. Er ließ Roland reden.

Manchmal grinste Herr Hofmann verschwörerisch oder beantwortete eine seiner Fragen an Roland selbst, so, wie Roland es besser und treffender nicht hätte formulieren können. In diesen Fällen brauchte Roland nur zu nicken. Es kam ihm so vor, als würde sein Gegenüber ihn schon lange kennen, und nichts von dem, was Roland dem Psychiater anvertraute, löste Befremden bei dem Arzt aus. Jedenfalls noch nicht, denn Roland war vorsichtig und zurückhaltend mit dem, was er seinem Gesprächspartner anvertraute und veröffentlichte. Roland weinte, lachte und redete. Manchmal sogar alles zur gleichen Zeit. Fast eine Stunde lang.

Einmal verließ Herr Hofmann seinen Stuhl, um für Nachschub an Papiertaschentüchern zu sorgen. »Du weichst meinen Blicken aus«, ließ der Arzt Roland wissen, als er wieder ihm gegenüber Platz nahm. Er überreichte dem Jungen jetzt ein ganzes Päckchen Papiertücher, was diesen wiederum nicht gerade auf eine tränenärmere Reststunde einstimmte. »Ist es schwer für dich, mir in die Augen zu sehen?«, wollte Herr Hofmann wissen.

»Grün!«, antwortete Roland, und der Psychiater lachte herzhaft.

Herr Hofmann schien sich für Roland und das, was in ihm vorging, zu interessierten. Das war für den Jungen ein unbekanntes Gefühl. Aber es war ein gutes Gefühl. Er fühlte sich wohl und gut aufgehoben bei Herrn Hofmann. Verstanden und akzeptiert. Aber er würde seinen Psychiater, so nannte Roland seinen Interviewer jetzt insgeheim, nicht mit nach Hause nehmen können. Schade. Sehr bedauerlich. Und für einen neuen Freund war Herr Hofmann viel zu alt. Roland schätzte ihn auf vierzig Jahre.

»Wir haben noch fünf Minuten«. Der Psychiater sah auf seine Armbanduhr. »Möchtest du mir noch etwas sagen?«

»Nein«, antwortete Roland spontan. »Oder doch!«, besann er sich. »Also, ich kann Ihnen gar nicht sagen, wie es innen in mir aussieht! Es ist alles so durcheinander. So undeutlich, als ob ich unter einer Glasglocke leben würde. Schon immer ist das so. Es fällt mir schwer, es zu beschreiben. Die Welt da draußen ist manchmal sehr weit weg! Und sie ist eng, laut und hell«.

Der Psychiater erhob sich von seinem Stuhl und wartete, bis Roland ebenfalls aufgestanden war. »Ein schöner Satz. Den werde ich mir merken. Aber: Du brauchst mir nicht zu sagen, wie es in dir ausschaut. Nächste Woche sage ich dir, wie es in dir ausschaut und wie du mit dir klarkommen kannst. Bist du daran interessiert? Darf ich zu dir unter die Glasglocke kommen?«

»Ja«, sagte Roland leise und versuchte vergeblich weitere Tränen zu unterdrücken. »Gerne«, brachte Roland noch hervor. »Sehr, sehr gerne!« Er war von seiner Offenheit selbst überrascht.

»Danke für die Einladung«, sagte der Psychiater aufrichtig. »Dann sehen wir uns nächste Woche wieder? Und dann hoffentlich noch sehr oft? Wir zwei werden einiges zu bereden haben. Jeweils donnerstags, 17.00 Uhr?«

»Ja, gerne.« Das war alles, was Roland sagen konnte. Roland hatte Herrn Hofmann in seinen Kopf gucken lassen, und der schien nicht erschrocken oder entsetzt über das zu sein, was er dort vorgefunden hatte.

Als beide wieder das Vorzimmer betraten, erklang der Dreifachgong.

»Aber woher wissen Sie, wie es in mir aussieht?«, fragte Roland noch schnell, bevor Stefan Hofmann die Tür öffnen und den nächsten Patienten begrüßen konnte.

»Das wirst du herausfinden«, sagte Herr Hofmann lächelnd. »Und du wirst überrascht sein. Versprochen!« Es klang ehrlich. Er reichte Roland die Hand und der Junge verließ die Praxis.

Der Psychiater nahm den nächsten Patienten, einen älteren Mann, in Empfang und winkte Roland nochmals zu, als er die ersten Treppenstufen hinabstieg. Er ging mit einem guten Gefühl. Er fühlte sich leicht, und das Quietschen seiner Turnschuhsohlen wurde von den hohen Wänden des Treppenhauses mehrfach reflektiert. Sollte es doch quietschen! Es war dem Jungen egal. Er freute sich auf den nächsten Donnerstag!

Und es sollten noch viele Donnerstage folgen.

In seiner von einem Spielfilm beeinflussten Vision einer psychiatrischen Untersuchung im Hinblick auf das Ambiente einer psychiatrischen Praxis und des Habitus des Praxisbetreibers hatte Roland es versäumt, sich zu fragen, was dort tatsächlich passierte. Er hatte sich keine Gedanken darüber gemacht, was er von dem Besuch bei dem Psychiater zu erwarten oder was er dort zu suchen hatte.

Aber er hatte es gefunden: Freundlichkeit, Verständnis und Akzeptanz.

Ihm war, als hätte der Psychiater ihm einen Zettel an den linken Zeh gebunden. Einen Anhänger aus Pappe, wie er in pathologischen Instituten an leblosen Zehen ebenso lebloser Personen zu baumeln pflegt. Aber auf Rolands Anhänger stand nicht das Datum seines Ablebens, sondern das Datum des Beginns seines neuen Lebens. Der Anhänger fühlte sich während der zweijährigen Begleitung durch Herrn Hofmann nicht immer gut an! Mitunter machte er bei Rolands ersten Gehversuchen durch sein neues Leben Probleme: Das kleine Papierschild drückte in seinen Schuhen und machte deutlich auf sich aufmerksam, wann immer der Junge dessen Existenz infrage stellte oder gar vergaß.

Und irgendwann im Laufe seiner vielen Visiten bei seinem Psychiater kam der Verdacht in Roland auf, dass Herr Hofmann einen ähnlich beschrifteten Zettel mit sich trug.

»Ich bin auch ein Mensch mit Ecken und Kanten«, sagte der Arzt viele Sitzungen später zu Roland. »Aber an Menschen mit Ecken und Kanten findet man besseren Halt. Findest du nicht auch?«

»Ja«, antwortete Roland und sah seinem Gegenüber geradewegs in die Augen. Das hielt er jetzt sekundenlang aus.

»Ich habe etwas Tolles bei Ihnen gelernt!«

»Was denn?«, wollte der Psychiater wissen, und Roland hielt dem fragenden Blick seines Psychiaters eisern stand.

»Freundlichkeit, Verständnis und Akzeptanz«, antwortete Roland.

»Hmm …«, brummte Herr Hofmann, und Roland ergänzte seinen letzten Satz in Herrn Hofmanns und auch seinem Sinne: »... auch mir selbst gegenüber.«

»Das wollte ich hören!«, rief der Psychiater erfreut. »Ich habe auch etwas von dir gelernt.«

»Sie von mir?«, fragte Roland erstaunt.

Herr Hofmann zerrte einzeln an seinen Fingern und ließ die Gelenke knacken. »Ich kann das nur dreimal täglich«, gab er zu. »Aber ich übe. Nur die beiden kleinen Finger wollen keinen Ton von sich geben.«

»Üben«, machte Roland einen seiner seltenen Scherze. »Viel üben!«

Die Abstände zwischen Rolands Besuchen bei Herrn Hofmann wurden immer größer, bis sie nach über zwei Jahren letztlich endeten. »Heute ist unser letzter Termin«, hatte der Psychiater gesagt. »Aber es muss nicht der *Allerletzte* sein.«

Roland war in den letzten zwei Jahren größer geworden. Er war jetzt 14. Während seiner Zeit bei Herrn Hofmann hatten ihn seine Eltern immer wieder gefragt, was er mit dem Psychiater besprechen würde. Roland war den Fragen ausgewichen, denn er unterstellte seinen Eltern, dass es sie gar nicht wirklich interessierte.

Sie hätten mit seinen Antworten ohnehin nichts anzufangen gewusst, ebenso, wie sie mit ihm bisher nichts anzufangen gewusst hatten, oder mit dem, was er sagte, dachte oder wie er war.

Irgendwann hatten sie es aufgegeben, ihren Sohn nach den Inhalten der Gespräche bei Herrn Hofmann zu befragen. Das kam Roland sehr entgegen.

Nach über zwei Jahren nach seinem ersten Besuch bei Herrn Hofmann fühlte Roland sich frei. Endlich frei! Er lebte immer noch unter einer Glasglocke, aber er konnte sie manchmal von innen etwas hochheben, sie verlassen oder sogar jemanden zu sich einladen.

Seiner Schwester kaufte er von seinem Taschengeld ein Stück Seife. Edelseife. Englische Teerose! Sie hatte zum Glück nicht bemerkt, dass er seinerzeit ihre Gesichtsseife auf der Basis rein pflanzlicher Öle und Essenzen entweiht hatte, in dem er seine Füße damit gewaschen hatte.

Dirk war übrigens nach den Sommerferien des Jahres 1978 sichtlich beeindruckt. Schweigend und mit anerkennend herabgezogenen Mundwinkeln folgte er Rolands Bericht über die psychiatrische Behandlung. Dass er geweint hatte, ließ Roland aus. Dirks Blinddarmnarbe sah er nie wieder.

Der Psychiater hatte Roland nicht zu einem pflegeleichten Fragment der Gesellschaft gestanzt. Vielmehr wurde Roland durch Herrn Hofmann ermutigt, passende Lücken zu suchen, in die er sein Puzzlestück, wann und wo auch immer er wollte, einfügen konnte. Und es gab die Lücken. Sehr viele sogar! Und er konnte sie füllen. In manchen Lücken fühlte er sich sogar erstaunlich wohl. Obwohl Roland bei seiner Suche sehr vorsichtig und wählerisch vorging, hatte er schon etliche Freiräume gefunden. Aber er war weiterhin auf der Suche, und er wünschte sich, dass die Suche niemals aufhören möge.

Neulich traf Roland seinen ehemaligen Psychiater im Wartezimmer eines Orthopäden wieder. Herr Hofmann erkannte seinen ehemaligen Patienten Roland sofort wieder. Er nahm seine Aktentasche vom Nebensitz und stellte sie vor sich auf den Boden. Roland interpretierte dies als Einladung. Eine der vielen Fähigkeiten, die er bei Herrn Hofmann erworben hatte. Er nahm auf dem jetzt freien Stuhl Platz und es entwickelte sich ein Gespräch über das aktuelle nasskalte Herbstwetter. Auch das konnte er jetzt.

Roland hatte sich bei einem Fahrradunfall den rechten Arm gebrochen und heute stand ein Gipswechsel an.

Herr Hofmann litt unter beginnender Arthritis in den Fingergelenken.

Pizzeria Marco

Nach einem ausgedehnten Winterspaziergang durch unseren kleinen Ort wurde ich von einem plötzlichen Heißhunger auf eine Pizza Diavolo (Tomaten, Käse, Paprika, Salami, frische Champignons, Peperoni und ganz viel Knoblauch) heimgesucht, ja geradezu überfallen. Fast überwältigt. Und ich wusste, wo ich meinen Appetit stillen konnte: in Marcos Restaurant auf dem Marktplatz unseres Städtchens.

»Die beste Pizzeria am Platz« nannte Marco sein italienisches Gasthaus scherzhaft, was aber zwangsläufig der Fall war, da es keine weitere Pizzeria im Ort gab. Hätte es eine vergleichbare Lokalität am Ort gegeben, hätte Marco ganz sicher nicht auf seinen Slogan verzichten müssen. Seine Pizzen waren köstlich: innen ein hauchdünner Teig belegt mit tagesfrischen Zutaten. Sogar der Knoblauch wurde in hauchdünne Schreiben auf die Pizza geschnitten und das Basilikum frisch gezupft. Außen ein knuspriger, Blasen werfender Rand, splitternd und platzend, wenn man mit dem Messer darauf einstach. Ein Hochgenuss.

Ich wusste weiterhin, welchen Preis ich hierfür zu zahlen hatte: Neben den 6,90 Euro für die Pizza Diavolo und 1,50 Euro für eine kleine Flasche Cola würde ich die Gesprächigkeit meines Gastgebers in Kauf nehmen müssen. Dieser letzte Posten war es, der mir Probleme bereitete. Und dafür war nicht Marco verantwortlich, sondern ich.

Ich näherte mich dem Marktplatz und wägte ab, ob ich mich vom überaus kommunikativen Marco bewirten lassen oder mich zuhause schweigend einem Mikrowellen-Menü zuwenden sollte.

Oftmals hatte ich schon einen weiten Bogen um Marcos Pizzeria gemacht, was ich spätestens daheim bereute, wenn ich ein geschmackbefreites Fertiggericht in die Mikrowelle schob. Das Bedauern erfuhr nach vier oder fünf Minuten noch eine Steigerung und gipfelte in eine grenzenlose Enttäuschung, verbunden mit einer Wut auf mich selbst, wenn das erhitzte, aber nicht minder geschmacklose Gericht vor mir stand.

Um es gleich vorwegzunehmen: Ich rede nicht gerne. Ich rede nicht nur nicht gerne mit dem besten Pizzabäcker am Ort, sondern mit niemandem. Und gerne schon gar nicht. Der Austausch von Höflichkeitsfloskeln gehört nicht zu meinem Konversations-Repertoire, Small Talk beherrsche ich nicht, und zahlreiche Versuche in der Vergangenheit, mich aktiv an einem »Geplauder« zu beteiligen, mich in eine Unterhaltung einzubringen, scheiterten kläglich. Entweder verstand ich nicht so recht, worum es in den Gesprächen eigentlich ging, oder ich missverstand das Thema, fiel Missdeutungen zum Opfer, erntete befremdliche Blicke und trat von einem Fettnäpfchen ins nächste. Ich hatte die Erfahrung gemacht, dass ich Dialogen, gleich welcher Art und so belanglos sie auch sein mochten, nichts Produktives beizutragen vermochte. Irgendwann hatte ich es akzeptiert.

Jetzt hatte ich den Marktplatz erreicht und schritt zehn Minuten vor der Eingangstür zu Marcos Pizzeria hin und her. Nach einem Blick durch das Fenster sah ich, dass sich bedauerlicherweise kein Gast im Restaurant befand. Marco sah ich in der hintersten Ecke an einem Tisch sitzen. Er blätterte in einer Zeitung.

Auf dem großen Thermometer an der Apotheke gegenüber las ich glaubwürdige fünf Grad minus ab. Darunter stand die Uhrzeit: 12:40 Uhr. In den letzten zehn Minuten hatte niemand die Pizzeria betreten. Schon mehrfach war ich der einzige Gast in dem Restaurant gewesen und mir war die ganze Aufmerksamkeit Marcos zuteilgeworden. Ich überlegte, ob ich nicht einen oder gleich mehrere Spaziergänger zu einer Pizza einladen sollte, um mit diesem Schachzug Marcos ungeteilter Aufmerksamkeit zu entgehen. Voraussetzung für diese Option wäre gewesen, dass meine mutmaßlichen Gäste weder mich noch sich gegenseitig kennen sollten und sich angemessen im Restaurant zu verteilen hatten, jedenfalls möglichst weit von meinem Tisch entfernt. Hauptsache, Marco wäre zu beschäftigt, um sich mit mir zu unterhalten.

Mir war klar, dass diese kostspielige Taktik nicht gerade sehr angemessen gewesen wäre, um störungsfrei und in Ruhe eine Pizza vertilgen zu können. Es wäre neurotisch gewesen. Aber immerhin wäre es eine Alternative gewesen.

Nun war Marco nicht nur ein hervorragender Pizzabäcker, sondern auch ein sympathischer Mann und geistreicher Unterhalter für jene, die diese Eigenschaft zu schätzen vermochten. Ich gehöre nicht dazu. Das hatte aber nichts mit Marco zu tun, sondern einzig und alleine mit mir. Ich habe das Problem, beziehungsweise ich bin das Problem. Erfahrungsgemäß interpretierte Marco meine einsilbigen

Antworten stets als Aufforderung, mich mit einem Glas Lambrusco »aufs Haus« gesprächiger zu machen, was aber grundsätzlich missglückte, insbesondere, wenn Marco mir dabei Gesellschaft leistete. Hatte er nicht viel zu tun, was meist der Fall war, nahm er sich die Zeit und setzte sich für ein paar Minuten mir gegenüber und trank einen Espresso, den er sich aus einer ohrenbetäubend lauten Maschine zubereitete.

So auch am vergangenen Mittwoch. Den Lambrusco hatte ich dankend entgegengenommen und ihn aus purer Höflichkeit getrunken. Schweigend. Ich mag keinen Lambrusco. Mir gegenüber hatte Marco Platz genommen und in seinen Espresso gepustet. »Gleich geht es los!«, hatte er angekündigt und ich hoffte, er meinte damit meine Pizza. Zumindest hatte er mich wenig später mit der Pizza allein gelassen und mich während des Essens von seinem Stammplatz in der Ecke aus weiter unterhalten. Luftlinie ungefähr zehn Meter. Das fand ich gut. Gerne las er mir von dort aus die Schlagzeilen aus der örtlichen Presse vor.

»Die Hauptstraße wird schon wieder aufgerissen!«

Für die meisten Gäste wäre es klar und logisch gewesen, dass Marco mit »Gleich geht es los« den Beginn der Zubereitung meiner Pizza Diavolo meinte. Ich habe Defizite, wenn es um die Interpretation vermeintlich logischer Gesprächsabläufe geht. »Was geht los?«, hätte ich am liebsten gefragt, es aber doch nicht getan. Letztlich war mir klar, dass Marcos »Gleich geht es los!« keine Bedrohung darstellte oder die Ankündigung einer für mich unangenehmen Angelegenheit sein sollte. Immerhin kannte ich Marco seit fast vier Jahren. Ich glaube sogar, dass ich einer seiner ersten Gäste war.

Für Außenstehende musste es ausgesehen haben, als pflegten wir ein freundschaftliches Verhältnis oder ich sei zumindest ein Stammgast. Beides traf nicht zu. Dazu besuchte ich seine Pizzeria zu selten. Marco betrieb sein Restaurant überwiegend alleine, nur an den Wochenenden hatte er eine Kellnerin namens Francesca zur Unterstützung an seiner Seite. Weder Marco noch Francesca wurden in Italien geboren, sondern in Bad Driburg. Dennoch hatten beide italienische Eltern und benutzten gerne italienische Wörter und Formeln, die man allgemein mit einem Besuch beim »Italiener« verknüpft und erwartet.

Aber heute war Mittwoch, es war kalt und ich war hungrig. Sehr hungrig. Francesca würde nicht da sein und demzufolge als Gesprächspartnerin für Marco ausscheiden. Soll ich? Oder soll ich nicht? Warum konnte mich ein profaner Besuch einer Pizzeria aus dem Gleichgewicht bringen, mich derart zögern lassen und verunsichern?

Ich unterbrach meine ambivalenten Gedanken, entschied mich – für meine Begriffe »spontan« – für die Pizza, ging aber noch drei Mal vor Marcos Pizzeria hin und her, noch langsamer als zuvor, um Zeit zu schinden. Aber niemand in der Stadt außer mir schien heute Appetit auf Pizza zu haben. Für mich unverständlich, angesichts der Qualität Marcos belegter Fladenbrote nach neapolitanischer Art. So nannte Marco seine kulinarischen Meisterwerke oft selbst.

Ich fand es selbst »verrückt«: Schon oft hatte ich auf den Genuss der stadtweit schmackhaftesten Pizza verzichtet, weil ich den Pizzabäcker als zu freundlich und höflich erlebt hatte. Ich hätte es geradezu als Entgegenkommen gewertet, wäre Marco ein missmutiger und unhöflicher Mann gewesen, der äußerst lieblos langweilige und geschmacklose Pizzen produzierte. Dann wäre mir die Entscheidung leichter gefallen. Und Marco hätte sie getroffen. Seine Pizzeria hätte für mich fortan als Nahrungsquelle ausscheiden können. Für immer. Die Qual der Wahl hätte längst ein Ende gefunden, das Zögern, Zaudern und Grübeln vor jedem Besuch der Pizzeria hätte schon vor Jahren der Vergangenheit angehört. Und dafür wäre ich ihm fast dankbar gewesen.

Schon zu oft hatte ich meine Entscheidung, Marcos Pizzeria aufzusuchen, beziehungsweise nicht aufzusuchen, von Leuten abhängig gemacht, die sie nicht aufsuchten. Andererseits: Hätte ein Reisebus voller hungriger Tagesausflügler vor Marcos Gaststätte haltgemacht, hätte ich mir auch die Sinnesfreude versagt, die ich mit Marcos Pizza Diavolo verbinde.

An diesem kalten Wintertag fasste ich den Entschluss, diesen Teufelskreis zu unterbrechen. Ich überwand mich und betrat endlich die Pizzeria!

»Benvenuto!«, rief mir Marco zur Begrüßung herzlich zu, noch bevor sich die Eingangstür hinter mir geschlossen hatte. Er saß an einem Tisch in der Ecke des Restaurants und faltete Papierservietten. »Diavolo mit extra Knoblauch?«, fragte er freundlich und trat auf mich zu. »Wie immer?« Marco schien sich wirklich über meinen Besuch zu freuen. Er nahm meine Hand in seine. Ich löste den Kontakt schneller, als man es gemeinhin tut, und brachte ein leises und unsicheres »Hallo!« hervor.

»Prego!«, rief Marco. »Und eine kleine Flasche Cola!«

»Wie immer«, sagte ich erleichtert, weil ich keine Bestellung aufgeben musste, und blickte an Marco vorbei zu einem Bild an der Wand gegenüber. Es zeigte eine Schwarz-Weiß-Fotografie eines Tellers dampfender Spaghetti. Ich wollte Marcos Blick ausweichen. Meine Augen nahmen Reißaus vor seinem offenen und direkten Blick.

»Mit Peperoni natürlich«, sagte er. Er las mir sozusagen meine Wünsche von den Augen ab, was ich durchaus zu schätzen vermag, auch wenn er mit »Peperoni natürlich« nicht ins Schwarze traf. Aber der Einfachheit halber bestätigte ich kopfnickend.

»Schön, dich zu sehen!«, rief Marco aus dem Nebenzimmer des Gastraumes, von dem aus der mich ganz sicher nicht sehen konnte. Dort stand der Getränkeschrank. Sekunden später brachte er mir eine kleine Flasche Cola an den Tisch. Ein Glas brauchte ich nicht. Hätte ich eines gebraucht, hätte ich nicht danach gefragt.

Ich hätte durchaus auch gerne eine andere Pizza aus Marcos Speisekarte probiert, aber ich zog die schnelle und bequeme Bestellung vor. Ohne Diskussion. Ohne Rückfragen. Von der obligatorischen Pizza Diavolo hob ich zwar grundsätzlich die extrascharfen Peperoni ab und wickelte sie in den seltenen unbeobachteten Augenblicken in meine Papierserviette, die ich dann während einer weiteren unbeobachteten Sekunde in meine Hosentasche steckte und zu Hause entsorgte. Ließen die unbeobachteten Momente zu lange auf sich warten, bestellte ich eine zweite Cola, die Marco erfahrungsgemäß aus einem Kühlschrank im Nebenraum holte. Hierfür brauchte er sieben Sekunden. Das hatte ich bei meinen früheren Besuchen mehrfach ermittelt.

Ich wollte Marco nicht kränken. Ich war mir sicher, dass seine Peperoni qualitativ hochwertig und delikat waren. Hätte ich ihn gebeten, auf die Peperoni zu verzichten, hätte er mir womöglich zahllose alternative Pizzabeläge aufgezählt und geduldig meine Entscheidung abgewartet. Und Geduld hätte er dabei wirklich aufbringen müssen. Es wäre mir schwergefallen, spontan eine Wahl zu treffen, die ich nicht Sekunden später bereut hätte. Oder Marco hätte verständlicherweise argumentiert, dass die teuflisch scharfen Peperoni ganz frisch seien und nicht zuletzt auch die Pizza Diavolo zur Pizza »Diavolo« machten.

Hinter dem Tresen jonglierte Marco virtuos eine Portion Pizzateig zu einer dünnen Scheibe. »Sehr kalt ist es heute«, fand er.

»Ja«, bestätigte ich. Immerhin war ich vor Marcos Pizzeria auf- und abgelaufen. Ich drehte meinen Kopf herum und sah aus dem Fenster. Jetzt hatte es sogar zu schneien begonnen. »Jetzt schneit es«, setzte ich Marco in Kenntnis und wunderte mich über meine Redseligkeit.

»Bitterkalt ist es«, empfand Marco, während er den Pizzateig belegte. »Brrrr«, ergänzte er und schlug seine Arme einige Male um den Oberkörper. Für einige Sekunden verschwand er in einer Mehlstaubwolke. »Kaum auszuhalten!«

Nun stand Marco aber in unmittelbarer Nähe seines Steinofens. Sein »Brrr« interpretierte ich als verbale Unterstreichung seiner aktuellen körperlichen Befindlichkeit: Marco fror! Der große Steinofen, nostalgisch geheizt mit dicken Holzscheiten, Buchenholz, wie Marco mir bei einem meiner früheren Besuche verraten hatte, diente nicht nur als finale Zubereitungsstätte köstlicher Pizzen, sondern auch als nicht zu unterschätzende Wärmequelle. Jedenfalls habe ich die Hitze des Ofens gespürt, als ich die Pizzeria betrat.

Marco schob meine Pizza Diavolo in den Ofen. Als er die Backofentür öffnete, rief er: »Puuh!«

Ich hatte gelernt, dass die meisten Menschen mit »Brrr« Kälte umschreiben und mit »Puuh« große Hitze. Dieses Wissen machte allerdings Marcos »Brrr« neben dem heißen Steinofen für mich nicht erklärlicher. Das »Puuh« vor der geöffneten Ofentür indes konnte ich nachvollziehen. Wie aber aus einem »Brrr« in Sekundenschnelle ein »Puuh« werden konnte, fand ich erstaunlich. Marco hatte seine Position am Pizzaofen nicht wesentlich geändert. Da ich mir aber vor langer Zeit schon vorgenommen hatte, mich nicht in Grübeleien und Erklärungsversuchen zu verlieren, die mich nicht wirklich weiterbrachten, sondern eher verunsicherten und obendrein meine Lebensqualität nicht fühlbar steigerten, nahm ich dieses Phänomen einfach hin. Für mich war es besser, so zu verfahren. Ich habe gelernt, meine Gedanken zu selektieren und Prioritäten zu setzen. Jetzt beispielsweise drehte sich mein Denken um die kommenden fünf Minuten. Und damit war ich vollauf beschäftigt.

Meine Pizza war im Ofen. Und das für geschätzte fünf Minuten. Zeit für Marco, sich um die Betreuung seines einzigen Gastes zu kümmern. Zeit für mich, mir etwas einfallen zu lassen. Und schon hatte Marco mit einer kleinen Tasse Espresso mir gegenüber Platz genommen. Mir hatte er ein Glas Lambrusco mitgebracht. »In letzter Zeit ist hier kaum etwas los«, bedauerte er und ich teilte sein Bedauern, wenn auch aus anderen Gründen als er. »Ab März werde ich einen Ruhetag einlegen. Vielleicht den Montag.«

Ich hatte den Eindruck, dass ich jetzt etwas hätte entgegnen sollen. Eine Bestätigung oder den Vorschlag eines anderen Wochentages als Ruhetag. Aber sicher war ich mir nicht. Ich bin mir selten sicher, ob von mir eine verbale Resonanz erwartet wird, es sei denn, man stellt mir eine eindeutige Frage.

Zu meiner großen Erleichterung klingelte das Mobiltelefon in Marcos Hosentasche. Er stand auf und ging zu seinem Pizzaofen, um von dort aus das Telefongespräch entgegenzunehmen. In vier Minuten würde meine Pizza fertig sein und ich hoffte, dass das Telefonat bis zu diesem Zeitpunkt dauern würde.

Ich sah aus dem Fenster. Er schneite immer noch. Eine ältere Frau passierte die Pizzeria, blieb vor dem Fenster stehen und blickte herein. Am liebsten hätte ich ihr zugewunken, sie wild gestikulierend zum Betreten der Pizzeria animiert. Sie zog ihren Mantelkragen hoch und ging weiter. Marco telefonierte immer noch. Ein sehr leises Gespräch.

Ich verstand nicht, worum es in dem Telefonat ging, aber Marco war zunehmend stiller geworden. Einige Male hörte ich das Wort »Problem«. Die Hand, mit der er sein Mobiltelefon an sein rechtes Ohr presste, zitterte. Auch seine Stimme zitterte. Mit dem Satz »Danke fürs Bescheid geben« beendete er das Telefongespräch.

So sieht jemand aus, der eine schlechte Nachricht erhält, glaubte ich zu wissen. Aber ganz sicher war ich mir nicht. Aber ich fand, es stand mir nicht zu, Marco auf die vermeintlich schlechte Botschaft anzusprechen. Ich hätte auch gar nicht gewusst, wie ich das hätte machen sollen. Und vielleicht handelte es sich ja auch ein ganz normales Telefonat. Ich hatte Marco nie zuvor telefonieren sehen. Mir fehlten Erfahrungswerte, auf die ich hätte zurückgreifen können. Möglicherweise telefonierte er immer so.

Schweigsam und mechanisch zog Marco meine Pizza aus dem Ofen, ließ sie vom Pizzaschieber auf einen großen Teller gleiten und brachte ihn mir. »Guten Appetit. Moment, ich bringe noch Messer und Gabel.«

Das tat er dann auch unverzüglich. Wortlos legte er das Besteck, eingerollt in eine obligatorische Papierserviette, neben meinen Teller. Dann ging er zu seinem Platz, dort, wo ich ihn beim Betreten der Pizzeria sitzen gesehen hatte. Er ließ den Blick nachdenklich und betroffen umherschweifen, widmete dem einen oder anderen vertrauten Einrichtungsgegenstand ein paar Sekunden Aufmerksamkeit, um sich dann einer anderen Sache zu widmen: Er arrangierte gedankenverloren die kleinen roten Plastikblumen in der weißen Vase, die vor ihm auf dem Tisch stand.

»Guten Appetit«, hatte Marco gesagt. Üblicherweise balancierte er den Teller mit der heißen und wohlduftenden Pizza mit einem wohlmeinenden »Buon Appetito!« durch sein Restaurant und setzte ihn mit einem »Prego!« vor mir ab. Ich hatte mich nicht geirrt. Etwas war heute anders als sonst. Ich hatte keine Ahnung, was anders war, oder was die Ursache für die Veränderung war, aber immerhin hatte ich erkannt, dass etwas anders war. Immerhin.

Ich widmete mich meiner Pizza Diavolo. In Ruhe! Ruhiger, als ich es gehofft oder erwartet hatte. Meine Erwartungen wurden sogar übertroffen. Die Atmosphäre verunsicherte mich. Es war so still im Restaurant, dass ich das Geräusch, das mein Besteck beim Zerteilen der Pizza verursachte, fast als Lärm empfand. Ich fürchtete, man konnte es weit über die Stadtgrenzen hinweg hören. Und ich hörte mich sogar selbst kauen! Manche Bissen blieben mir fast im Hals stecken. Ich hatte meine Cola schon ausgetrunken, mochte mir aber keine weitere bestellen. Das hätte ich angesichts der bedrückten Stimmung meines Gastgebers als unangemessen empfunden.

Ich aß meine Pizza möglichst schnell auf, um mich der beklemmenden Stimmung im Gastraum und der betrübten Gemütslage Marcos entziehen zu können. Ich aß sogar die Peperoni auf. Sie waren höllisch scharf. Auf meiner Stirn bildeten sich Schweißperlen. Ich wischte sie mit meiner Papierserviette ab. Ich fragte mich, warum ich die Schoten nicht wie üblich entsorgt hatte. Heute war einiges anders in Marcos Pizzeria.

Marco sah zu mir herüber. »Heute aufs Haus«, sagte er und trat auf mich zu. »Du bist eingeladen«, ergänzte er leise. »Weil du die Peperoni gegessen hast. Erstmals!« Und obschon es ihm sichtlich schwerfiel, lächelte er. »Respekt!«

Wenn man etwas geschenkt bekommt, sollte man sich bedanken. Deshalb ist es mir meist unangenehm, wenn mir jemand etwas schenkt oder einen Gefallen erweist. Ich habe zwar kein Problem damit, mich für etwas zu bedanken, wohl aber mit der gebührenden Art und Weise des Dankes. Bevor ich meinen Dank angemessen formuliert habe, weiß der Adressat möglicherweise schon nicht mehr, wofür ich mich bedanke oder hat mich schon als undankbar vorverurteilt.

So brachte ich ein leises »Danke« hervor, während ich umständlich in meine dicke Winterjacke schlüpfte. Marco half mir beim Einstieg in den linken Ärmel und legte mir eine Hand auf die Schulter. Impulsiv machte ich einen Schritt zur Seite. »Danke!«, wiederholte ich sicherheitshalber. Mehr nicht, was mir aber keinesfalls angemessen erschien. Die Pizza Diavolo, zu der ich eingeladen war, war außergewöhnlich gut, soweit ich das beurteilen konnte. Die Peperoni hatten meine Geschmacksnerven ab Pizzamitte deutlich in ihrer Funktion beeinträchtigt. Aber die erste Pizzahälfte konnte ich aus überaus schmackhaft bewerten.

»Ciao!«, rief mir Marco zu. Es klang anders als üblich. Ich öffnete die Tür. Ein kalter Wind schlug mir entgegen.

»Bis bald!«, rief ich ins Restaurant zurück. Ich sah mich um. Marco saß an seinem Tisch, den Kopf in die Hände vergraben.

Ich hatte kurz den Impuls, zurück ins Restaurant zu gehen, mich zu Marco an den Tisch zu setzen, für den Fall, dass er reden wollte. Aber wie sollte ich meine Rückkehr begründen? Was sollte ich sagen? Womöglich machte ich noch alles schlimmer, als es für Marco ohnehin schien.

Oder war das nur eine Schutzbehauptung? Befangenheit? Unsicherheit? Feigheit? Desinteresse? Ich wusste, dass Desinteresse nicht als Grund für meine »Flucht« aus dem Restaurant in Frage kam, allenfalls eine Komposition aus den übrigen Beweggründen.

Ich stapfte nachdenklich durch den Schnee nach Hause.

Eine Woche später wollte ich Marcos Pizzeria einen erneuten Besuch abstatten. Weniger der Pizzeria als Marco. Diesmal sollte die Pizza Diavolo als Alibi dienen, denn ich wollte sehen, wie es Marco ging. Ich hatte mir fest vorgenommen, mich nach seinem Befinden zu erkundigen, ihn nach dem Inhalt des Telefonates zu befragen, das ihn eine Woche zuvor aus der Bahn geworfen hatte. Vielleicht wollte er darüber reden.

Ich hatte während der vergangenen Tage eine Gesprächsstrategie entworfen, die mir für Marco und mich möglichst unverfänglich schien und für Marco einen sofortigen Rückzug offenließ, wenn er keinen Gesprächsbedarf verspüren sollte. Zumindest nicht mir gegenüber. Aber er sollte wissen, dass ich seinen offensichtlichen Stimmungswechsel am vergangenen Mittwoch nicht aus Desinteresse unkommentiert gelassen hatte, sondern vielmehr aus einem Unvermögen meinerseits so gehandelt hatte, handeln musste, einem Unvermögen, einem Defizit, einem hinderlichen Manko, über das sich kaum jemand so ärgert wie ich selbst. Aber möglicherweise hatte Marco das »Problem«, sofern es eines war, schon längst gelöst. Im Gegensatz zu mir!

Diesmal wünschte ich mir, dass kein weiterer Einwohner unserer Stadt Appetit auf eine Pizza verspürte. Sollten sie doch zur Grillstube nebenan gehen oder ihren Hunger in Heidis Curry-Palast stillen. Oder die Thai-Küche testen, die ich heute im Vorbeigehen zum ersten Mal entdeckt hatte.

Als ich vor Marcos Pizzeria stand, zitternd vor Kälte, mit meinen sorgsam vorgefertigten Sätzen im Kopf, fiel mein Blick auf ein großes neongelbes Plakat an der Innenseite der Eingangstür. Mit dicken Druckbuchstaben hatte Marco darauf geschrieben: »Aus familiären Gründen musste ich meine Pizzeria schließen. Danke. Marco«

In einer kleineren Schrift hatte er unter den Text noch das Wort »Arrivederci« geschrieben.

Ich hoffe es!

171 moosgrüne Wandfliesen

Eine sehr beliebte Sanktion meiner Mutter war es, mich in unser kleines Badezimmer einzuschließen. Ich weiß nicht mehr, welche Gründe für diese zahlreichen Inhaftierungen vorlagen oder welche Straftatbestände ich erfüllt oder welche Ordnungswidrigkeiten ich jeweils begangen hatte, die mir im Alter zwischen vier und sechs Jahren mehrstündige Aufenthalte im Badezimmer bescherten. Aus meiner Sicht hatte ich nichts getan, was eine Gefangenschaft im Badezimmer hätte rechtfertigen können. Rückblickend gebe ich aber zu, dass genau das der Grund war: Ich hatte nichts getan! Wie dem auch sei: Ich nahm den Strafvollzug stets überaus gelassen hin.

Mein Zwillingsbruder Dirk versuchte mich zu Beginn dieser Maßnahmen während der kurzen Verhandlungen vor der Badezimmertür anwaltlich zu vertreten, aber ich hatte ihm letztlich das Mandat entzogen. Ich wollte meine Strafe antreten. Auf jeden Fall. Ob sie mir nun zustand oder nicht. Ich wartete erst gar nicht auf die Urteilsbegründungen meiner Mutter und ging nie in Revision.

So saß ich geduldig meine Strafen auf dem Toilettendeckel im Badezimmer ab. Um es gleich vorwegzunehmen: Als eine Strafe erlebte ich keinen meiner Aufenthalte dort. Ich tat dort genau das, wofür ich verurteilt worden war: nämlich nichts! Und das in aller Ruhe und Ungestörtheit. Allenfalls versuchte ich zu vermitteln, dass ich litt, oder zumindest Besserung gelobend und voller Reue meine Strafe absaß. Jedenfalls bemühte ich mich, es für meine

Mutter so aussehen zu lassen. Sie sollte nicht auf die Idee kommen, ihr Bestrafungsmittel der Wahl infrage zu stellen.

Das Gegenteil war der Fall. Sobald sich der Schlüssel im Schloss der Badezimmertür herumgedreht hatte, ich mich in Sicherheit befand und auf meinem Toilettendeckel saß, begann ich die Fliesen an der Wand mir gegenüber zu zählen. Es wäre ein Einfaches gewesen, zunächst die Anzahl der obersten Fliesenreihe längs zu ermitteln und sie mit der Zahl der ersten senkrechten Fliesenreihe zu multiplizieren. Das wusste ich aber im Alter von vier oder fünf Jahren noch nicht, und das war gut so. Anderenfalls hätte das Fliesenzählen für mich zu schnell an Unterhaltungswert verloren.

Es waren übrigens 171 hochglänzende grüne Fliesen. Moosgrün nannte man die Farbe. Sie waren quadratisch, exakt 10 mal 10 Zentimeter groß. 19 waagerecht, 9 senkrecht. Die Zahl 171 hatte ich ermittelt, indem ich 9 mal die 19 waagerechten Fliesen hintereinander der Reihe nach abgezählt hatte, so, wie man die Wörter einer Buchseite liest. Diese Wand war nur bis zur Hälfte gefliest, was die Gesamtzahl der Wandfliesen in Grenzen hielt. Der obere Teil der Wand über den Fliesen war weiß verputzt. Die vorletzte Kachel rechts oben, also die Nummer 18, war diagonal gerissen.

An einem Nachmittag im Jahr 1963 hatte ich meine Badezelle mit meinem genetischen Pendant zu teilen. Das war genau an unserem fünften Geburtstag. Dass es unser beider

Geburtstag war, wirkte sich aber keinesfalls strafmildernd auf unser erstmals gemeinsam abzusitzendes Strafmaß aus.

»Zwei Stunden!«, lautete das Urteil unserer Mutter.

Es muss demzufolge der 15. Mai gewesen sein. Ich weiß nicht mehr, was mein Bruder getan oder auch nicht getan hatte, ob mit mir oder alleine, jedenfalls saß er neben mir auf dem Badewannenrand und langweilte sich zusehends. Er vermochte es nicht, seiner Freiheitsstrafe einen Sinn zuzuweisen. Er erlebte die verhängte Strafe im Gegensatz zu mir tatsächlich als eine solche und blickte sehnsuchtsvoll zu dem kleinen Badezimmerfenster links über mir hoch und schmiedete Fluchtpläne.

Ich saß auf meinem Toilettendeckel und zählte wie gewohnt die Fliesen der gegenüberliegenden Wand. Ich wusste längst, wie viele es waren, aber ich zählte sie immer wieder gerne. Es waren 171. Ich mochte schon damals unveränderliche, verlässliche und konstante Dinge. Also begann ich sie abermals zu zählen, um das Gefühl der Unveränderlichkeit und Kontinuität erneut zu spüren. Ich wusste, es würden auch diesmal 171 moosgrüne Fliesen sein, und dennoch freute mich auf das absehbare, aber durchaus beruhigende Resultat.

»Passe ich da durch?«, riss mich mein Bruder aus meinem Zählen.

»Nein!«, antwortete ich sachlich bei Fliese 122.

Mein Zwillingsbruder und ich waren und sind uns zu keinem Zeitpunkt ähnlich. Er war lebhaft, lustig, verspielt und ständig unterwegs zu irgendwelchen Abenteuern, zu denen ich, eher ruhig und lieber für mich alleine, keinen Zugang fand. Demzufolge waren wir nicht oft zusammen. Auch gemeinsame Unternehmungen fanden so gut wie nie statt, und das war für uns beide völlig in Ordnung. Unser heutiger gemeinsamer Geburtstagsaufenthalt im elterlichen Badezimmer bildete eine Ausnahme.

Zudem zeigte sich bei meinem zwölf Minuten jüngeren Bruder das Resultat seiner sichtbaren Affinität zu Süßwaren aller Art in dessen Leibesmitte. Schon deshalb mein entschiedenes »Nein!« bei Fliese 122. Ich konnte auch ab und zu realistisch sein.

»Doch«, entschied mein adipöses Bruderherz Sekunden später, und ich fragte mich, warum er mich überhaupt gefragt hatte. Ich war bei Fliese 131 angelangt.

Meinem Bruder Dirk war nach einem Abenteuer. Unsere Mutter hatte uns mehrfach darüber in Kenntnis gesetzt, dass mein Bruder mit den Füßen voran diese Welt betreten hatte. Und auf diese Art plante er jetzt unsere Gemeinschaftszelle zu verlassen.

Unsere elterliche Wohnung lag im Parterre eines Mehrfamilienhauses. Vom Badezimmerfenster, oder besser: vom Badezimmerfensterchen, sah man direkt auf eine große Wiese. Ein Sturz aus dem Fenster wäre zwar von einer Frühlingswiese gemildert worden, erschien mir aber dennoch riskant. Sollte Dirk tatsächlich die Flucht gelingen, was schon aufgrund der beiden Schokoladenriegel, die er während unserer bisherigen Haftzeit verspeist hatte, mehr als fraglich erschien, und er würde dabei gefasst, würde das für ihn eine spürbare Haftverlängerung bedeuten. Außerdem wollte ich ja gar nicht fliehen. Ich hatte zu tun: 143, 144, 145 ...

Dirks Freiheitsdrang war groß. Also ließ ich mich von meinem Zwilling vom Toilettendeckel zerren, der ihm sogleich als Stufe zur Freiheit diente. So stand er vor dem Badezimmerfenster und öffnete es. Das Fenster war so hoch, dass er gerade hinaussehen konnte. Ich nahm ein weißes Seifenstück zur Hand und markierte Fliese Nummer 150 mit einem Kreuz. So konnte ich nach Dirks Flucht in Ruhe weiterzählen.

Dirks linkes Bein befand sich schon in Freiheit. Ich ließ mich überreden, als Fluchthelfer tätig zu werden, und stützte den brüderlichen Rücken, damit Dirk auch das rechte Bein durch das Fenster schieben konnte. Sehr komfortabel konnte diese Körperstellung für ihn nicht sein. Deshalb erhielt ich die Anweisung, sein Gesäß nach oben zu drücken. Und tatsächlich brachte es Dirk fertig, fast die Hälfte seines Körpers in die Außenwelt zu winden. Respekt!

Solchermaßen positioniert fand uns unsere Mutter vor, die uns zu genau diesem Zeitpunkt eigentlich wegen guter Führung und Geburtstag vorzeitig aus der Haft entlassen wollte. Selbstredend wurde daraus nichts. Im Gegenteil: Wir saßen bis zum späten Abend im Badezimmer.

»Ich hätte es fast geschafft«, sagte Dirk und löste ein klebriges Fruchtbonbon aus seiner rechten Hosentasche. Er steckte sich das flusige Bonbon in den Mund. »Du hättest mehr drücken müssen!«

»Du hättest weniger essen sollen!«, konterte ich und wischte das Seifenkreuz von Kachel 150. Ich würde sicher noch ausreichend Gelegenheiten bekommen, meine Fliesen zu zählen.

Vorgestern wurde das Haus, in dem wir unsere Kindheit verbrachten, abgerissen. Fast dreißig Jahre nach dem Ereignis im Badezimmer sahen Dirk und ich zu, wie eine Abrissbirne gegen das leere Mehrfamilienhaus geschleudert wurde. Jens, ein ehemaliger Nachbarsjunge, der immer noch in unserem alten Wohnort lebte, hatte uns informiert, dass auf dem Grundstück unserer alten Siedlung ein Einkaufszentrum entstehen sollte. Wir waren extra aus unseren derzeitigen Wohnorten angereist. Dirk hatte es nach Freiburg verschlagen, mich nach Hamburg. Wie ein Kartenhaus fiel unser Haus in sich zusammen, einzelne Steine flogen umher, begleitet von einer riesigen Staubwolke. Die rituelle Zerstörung unserer Kindheit nahm ihren Lauf.

»Weißt du noch«, sagte Dirk leise, »als ich damals aus dem Badezimmer türmen wollte? Ich kam nicht durch das Fenster!«

»Allerdings erinnere ich mich«, antwortete ich mit einem kritischen Blick auf die Leibesfülle meines Bruders, die er sich im Laufe der vergangenen Jahrzehnte angefuttert hatte. Im gleichen Moment zerfiel die komplette Fassade des Wohnhauses krachend in Schutt und Asche. »Jetzt würdest du es schaffen!«

Jens, mittlerweile zweifacher Familienvater, stand zwischen uns. »Irgendwie war es doch damals schön in unserer Siedlung.« Wehmut klang in seiner Stimme. »Wir wohnten im Block gegenüber. Ich erinnere mich noch gut an unsere alte Wohnung. Nur diese schrecklichen rosa Fliesen im Bad ...«

»Wir hatten grüne Kacheln«, erinnerte sich Dirk, was mich sichtlich überraschte, hatte er doch deutlich weniger

Zeit im Badezimmer verbracht als ich, eigentlich nur, um seine Notdurft dort zu verrichten oder aus Gründen der Körperpflege. Nur an unserem fünften Geburtstag hatte er mir in meinem Fliesen-Exil Gesellschaft geleistet. »Richtig hässliche grüne Wandfliesen!«, ergänzte Dirk.

»Einhunderteinundsiebzig«, sagte ich leise und sah einige moosgrüne Scherben durch die Luft fliegen. Und mit ihnen 171 quadratische Kindheitserinnerungen.

Nachdem sich die Staubwolke über dem Schutthaufen unseres ehemaligen Wohnblocks gelegt hatte, kletterte ich zu der Stelle, an der ich die Überreste unseres Badezimmers vermutete. Noch bevor ich von den Bauarbeitern unsanft des Platzes verwiesen wurde, hatte ich mir ein kleines moosgrünes Kachelstück in die Hosentasche gesteckt.

Ich habe es heute noch. Manchmal nehme ich die grüne Scherbe in die Hand. Sie beruhigt mich.

Im Kindergartengarten

An meinem vierten Geburtstag unterlagen meine Eltern dem unerfreulichen Trugschluss, sie würden mir einen zu lebenslangem Dank verpflichtenden Gefallen erweisen, wenn sie mich der vormittäglichen Obhut eines Kindergartens übergeben würden. Zwecks kollektiver Freizeitgestaltung mit anderen Kindern, zu denen ich, dem Empfinden meiner Eltern nach, viel zu wenig Kontakt hatte und auch nicht suchte.

Meine Mutter kündigte am frühen Morgen dieses Tages das zu erwartende Event mit den Worten »Heute gehst du in den Kindergarten« an, was mich zu dem Irrglauben verleitete, es handele sich um einen singulären Besuch dieses Kindergartens. Nur deshalb nahm ich die Ankündigung äußerst gelassen entgegen. *Heute* gehst du in den Kindergarten.

Dem war nicht so. Keinesfalls. Fortan verbrachte ich die Vormittage von Montag bis Freitag im Kindergarten. Zwei lange Jahre lang. Ich glaube, diese Tatsache ließ für mich die Glaubwürdigkeit meiner Mutter erstmals brüchig werden. »*Heute* gehst du in den Kindergarten«, hatte sie gesagt. *Nur* heute … hatte ich gedacht.

Es begann mit einer Vorstellungsrunde im *Garten* des Kinder*gartens*.

Ich erwähne das, weil auch die fest umbauten Gebäude dieser Institution unter dem Begriff Kindergarten geführt wurden. Warum auch immer. Der Garten eines Kindergartens sollte deshalb Kindergartengarten genannt werden.

Zweiundvierzig Kinder im Alter zwischen vier und sechs Jahren bildeten auf der Rasenfläche dieser mir unangenehmen Einrichtung sitzend einen Kreis, beziehungsweise bildeten sie das, was die Kindergärtnerin als Kreis akzeptierte. Es war keiner! Unsere Aufseherin wünschte »Tante Marianne« genannt zu werden. Eine verwandtschaftliche Beziehung zu Tante Marianne konnte ich bis heute nicht recherchieren.

Sie hockte im Mittelpunkt des *Kreises.* Nacheinander wurden wir genötigt aufzustehen und unsere Vornamen zu rufen. Das hatte für mich keinen Nährwert, da ich mir Namen bis zum heutigen Tag nicht merken kann. Zweiundvierzig Namen innerhalb weniger Minuten schon gar nicht. Ich sah auch nicht den Sinn in diesem gegenseitigen Bekanntmachen, denn zu diesem Zeitpunkt war ich ja noch der Überzeugung, dass mein Besuch im Kindergarten im wahrsten Sinne des Wortes eine einmalige Sache sei und ich wohl kaum alle Kinder wiedertreffen würde, geschweige denn sie mit ihrem Namen ansprechen würde. Wozu auch?

Es fiel mir schwer, meinen Namen vor dreiundvierzig wildfremden Menschen auszusprechen. Ich stand geografisch zwar nicht im Mittelpunkt des Kreises, denn da stand ja »Tante« Marianne, aber im Zenit der Aufmerksamkeit. Zumindest für die Dauer der Bekanntgabe meines Vornamens. Das reichte schon, mich zu verunsichern. Doch damit nicht genug. Tante Marianne verkündete allen Anwesenden, dass ich just an diesem Tag Geburtstag hatte.

Vierundachtzig Kinderaugen starrten mich erwartungsvoll an. Was sie genau erwarteten, erschloss sich mir nicht. Ich erwartete das Schlimmste.

Als ich am nächsten Tag endgültig realisierte, dass ich bis auf Weiteres Stammgast dieser Kindertagesstätte sein würde, sorgte das für akutes Unbehagen und schwerste Verdrossenheit meinerseits. Das fühlte sich gar nicht gut an.

Es wurde geschubst, getreten, gerauft. Mädchen wurden die Zöpfe verknotet, Jungs traten sich gegenseitig gegen die Schienbeine. Spielzeuge flogen durch die Luft. Und oft waren alle Kinder gleichzeitig in entsprechende Handlungsabläufe einbezogen.

Beim besten Willen: Ich vermochte es nicht, solchem Tun einen Unterhaltungswert abzugewinnen. Besonders schlimm fand ich die Geräuschkulisse, die mit den erwähnten Aktionen verbunden waren. Es wurde gerufen, geschrien, gebrüllt. Wüste Beschimpfungen wurden ausgetauscht. Es wurde gejammert und geweint.

Und Tante Marianne war pausenlos damit beschäftigt, Kinder zu maßregeln, zu trösten und/oder deren Wunden zu versorgen. In Einzelfällen wurden auch die Eltern benachrichtigt, damit sie ihre kleinen Aggressoren oder deren Opfer abholen kamen. Aber am nächsten Morgen waren alle wieder da.

Schnell hatte ich im Kindergartengarten eine Ecke gefunden, in die ich mich zurückziehen konnte, sobald »freies Spielen« angesagt war. Und so verbrachte ich während der Sommermonate viele Stunden in meiner Ecke, saß auf dem Rasen und betrachtete die anatomische Beschaffenheit meiner dicken Zehen. Alles war besser, als zu beobachten, wie meine »Kollegen« soziales Miteinander praktizierten. In der entgegenliegenden Ecke entdeckte ich oft einen Jungen, der sich dem munteren Treiben ebenfalls entzog.

Aber natürlich gab es auch »Animationsprogramme«.

Und das nicht zu knapp.

Ich werde nie vergessen, mit welch absurden Aktivitäten Tante Marianne uns (vermutlich aber auch sich selbst) Kurzweil zu vermittelten versuchte.

Es gab sonnige Tage, an denen wir im Kindergartengarten (also outdoor) in Sandkästen verteilt wurden und Konditoreiwaren aus Mineralkörnern herzustellen beauftragt wurden. Vorab wurden wir in Gruppen eingeteilt. Seit diesem Vorgang stehe ich dem Wort *Gruppe* eher feindselig gegenüber. Später gesellten sich *Verein, Klub und Gemeinschaft* hinzu. Und noch später die Vokabeln *Team* und *Arbeitskreis.*

Während der Kuchenproduktion lehrte uns Tante Marianne ein Lied mit folgender erster Textzeile: *Backe, backe Kuchen, der Bäcker hat gerufen.* Und in der Tat konnte Tante Marianne die meisten Kinder mit dem Abgesang dieser unsinnigen Weise für sich einnehmen. Mich nicht. Ich hatte keinen Bäcker rufen hören.

Ebenfalls im Freien hatten wir *Verstecken* zu spielen. Der Kindergartengarten war groß. Es gab jede Menge Botanik in Form von Bäumen und Sträuchern, die als geeignete Schlupfwinkel genutzt werden konnten.

Tante Marianne schob mich an die Seite von Markus. Ihn hatte ich zu suchen. Freiwillig hätte ich ihn nicht gesucht.

Aber nun ja. Im Alter von vier Jahren war ich noch recht pflegeleicht. Eine Eigenschaft, die mir im späteren Leben immer wieder zum Verhängnis werden sollte.

Das Glück im Unglück: Bei Markus handelte es sich um einen stillen, kleinen und stark adipösen Jungen. Es handelte sich um den Jungen, der mir in meiner Ruhezone distanzierte Gesellschaft leistete.

Es gab im Kindergartengarten keinen Baumstamm, hinter dem sich Markus hätte unsichtbar machen können. Und um sich hinter einem Gebüsch zu verbergen, war Markus schlicht und ergreifend zu bequem.

Hätte *ich* mich verstecken sollen, hätte ich mich im Sand unserer »Backstube« eingegraben. Niemand hätte mich gefunden. Endlich Ruhe! Endlich alleine! Im Ernst: Wäre zu irgendeinem Zeitpunkt meiner Kindergartengarten-Karriere die Rolle des Versteckers auf mich fallen, hätte ich diese Variante der Tarnung ernsthaft in Erwägung gezogen. Aber ich war stets der Sucher. Auch egal.

»Verstecken finde ich doof«, brummte Markus mich an.

»Suchen finde *ich* doof«, brummte ich zurück.

Ist es nicht erstaunlich, welch komplexe Sachverhalte man mit wenigen Wörtern erörtern kann?

Ich hatte ein Gespräch geführt! Ich war über mich selbst überrascht.

Während ich mich umdrehte und bis 100 zählte, um Markus Gelegenheit zu bieten, sich meinem Blickfeld zu entziehen, kam ich erstmals auf den Gedanken, dass Markus einer wie ich sein könnte. Ich weiß nicht mehr, wieso ich auf die Idee kam.

Ich hatte bis 100 gezählt und drehte mich um. Markus stand auf der freien Wiese, etwa 20 Meter von mir und 50 Meter von jeder Versteckmöglichkeit entfernt. Konnte er sich nicht für einen Baum entscheiden? Fiel ihm die Wahl zwischen den Sträuchern zu schwer?

»Ich mache diesen Quatsch nicht mit!«, ließ Markus mich wissen.

Er sprach mir aus der Seele. Er sprach das aus, was ich vom ersten Tag im Kindergarten an dachte. Tante Marianne stellte ihre messerscharfe Beobachtungsgabe unter Beweis: »Markus! Hast du dich nicht versteckt?«

Fragen dieser Art begegne ich auch heute noch mit allergrößter Skepsis. Den Fragestellern erst recht.

Bei »schlechtem« Wetter verlegte Tante Marianne die nicht enden wollende Serie der Amüsements ins Innere der Einrichtung. Neben vielen anderen von mir zu ertragenden Foltermethoden gab es *Knüpfli*.

Knüpfli bestand aus zahllosen dünnen Plastikscheiben, jeweils circa 3 mal 3 Zentimeter groß, die mittels winziger Häkchen miteinander verbunden werden konnten. Wozu auch immer. Jedes Kind hatte zehn dieser Plastikteile miteinander zu verbinden und sie dann den zehn entsprechend vorbereiteten Kunststoffplättchen eines anderen Kindes anzufügen. Während dieser intellektuellen Zerstreuung fiel mir erstmals meine rudimentäre Feinmotorik auf. Auch Markus erwies sich als kein guter *Knüpfler*. Als Resultat dieser von mir als ungemein dämlich empfundenen Fummelei entstand eine lange bunte Plastikplättchenkette aus 420 Einzelteilen. Farblich absolut ungeordnet, willkürlich aneinandergeknüpft und nicht schön anzuschauen.

Die Knüpfli-Orgie erfuhr noch eine Steigerung, wenn wir die Kunststoffkette, nachdem wir uns an ihr angemessen erfreut hatten, wieder in seine Bestandteile zerlegen sollten. Welch ein Unsinn.

Und dieses »Vergnügen« wurde uns mehrfach wöchentlich zuteil. In den Wintermonaten täglich.

Da wäre ich lieber im strömenden Regen oder im tiefen Schnee im Sandkasten gesessen und hätte Kuchen gebacken. Alleine. Gerne auch für alle Insassen des Kinderhorts. Auch für Tante Marianne.

Aber nein! *Knüpfli* war angesagt.

Und völlig ohne unser bewusstes Zutun waren Markus und ich diejenigen, die nach Spielende die Plastikscheiben wieder zerlegten und nach Farben geordnet in die passenden Schachteln sortierten. Und das machte uns wirklich Spaß. Endlich etwas Sinnvolles.

Als wir mal wieder in eben diese vergnügliche Tätigkeit versunken waren, stieß mich Markus an und wies mit seinen Augen in Richtung Tante Marianne. Die intonierte gerade »Es tanzt ein Bi-Ba-Butzemann …«

»Booohhh«, stöhnte Markus, lauter als erforderlich. »Bubu-Mann!«

»Nee, Bi-Bu-Mann«, schlug ich vor.

»Ba-Bi-Batzemann!«, regte Markus an.

»Bu-Bu-Butz-Batz«, sagte ich.

Und genau zu diesem Zeitpunkt hatte ich meinen ersten Freund gefunden.

Der Kastanienkern

Man nannte Stefan »den Komischen«, den »Merkwürdigen«, den »Verschrobenen«, den »Verrückten«, und es gab noch andere, weitaus bösartigere Begriffe, mit denen Stefans Klassenkameraden das unangepasste Verhalten des schweigsamen Jungen attestierten. Zwei Wochen nach seinem achten Geburtstag stand Stefan während der großen Pause auf dem Schulhof, alleine unter einem hohen Kastanienbaum namens Werner, weitab von seinen tobenden Klassenkameraden. Er zählte konzentriert die Dornen einer ihm soeben vom Wernerbaum vor die Füße gefallenen Kastanie. Bei ihrem Aufprall auf den Betonboden des Pausenhofes war die Kastanienschale aufgeplatzt. Stefan betrachtete fasziniert die glänzende braune Frucht im Inneren der dornigen Kapsel.

Er hielt die Kastanie vorsichtig in der Hand und war in das Zählen der Stacheln vertieft, als sein Klassenkamerad Heiner mit der sinnigen Frage »Was machst du da?« auf ihn zustolperte und sich mit dieser völlig überflüssigen Frage bis auf weiteres für Stefan als Gesprächspartner disqualifizierte. Meine Güte, dachte Stefan. Welch dumme Frage! Aber Heiner ließ nicht locker: »Was machst du denn da?«

Mit einer Frage oder Anmerkung am falschen Ort oder zur falschen Zeit vermochte man in Stefan eine vorübergehende Sprachlosigkeit auszulösen, die seinem freien Willen nicht unterlag und sich auch seiner Steuerungsfähigkeit entzog. Er verstummte einfach. Entsetzen, Entrüstung, Angst und Hilflosigkeit waren einige der Verursacher seiner temporären Verstummung. Aber es gab noch mehr Auslöser, die er aber erst später kennenlernen sollte.

Mit seiner Mutmaßung, »zählst du die Stacheln der Kastanie?«, stellte Heiner zwar seine Beobachtungsgabe unter Beweis, aber gleichsam auch seine Penetranz, mit der er Stefan zu quälen vermochte. Stefan machte Heiners Erläuterung seiner offensichtlichen Beschäftigung wütend. Er legte keinen Wert darauf, dass sein Handeln kommentiert wurde. Es war seine Kastanie und es waren seine Stacheln. Es waren dreiundzwanzig, wie er unbeirrt schweigend ermittelt hatte.

Und diese Stacheln besaßen für Stefan weitaus mehr Unterhaltungswert als Heiner, der ihn vom Tag der gemeinsamen Einschulung an wie kein zweiter Klassenkamerad zu langweilen vermochte. Aber dennoch hatte Heiner seinen Mitschüler Stefan durch die bis zu diesem Herbsttag überstandenen zwei Schuljahre verfolgt. Beharrlich klebte Heiner an Stefans Fersen, wann immer er sie, die Fersen, beziehungsweise ihn, Stefan, erspähte.

Stefan war zwar stets bestrebt, nach dem Pausenzeichen als Erster aus dem Klassenzimmer zu stürzen, um auf dem Schulhof eine ruhige Ecke für sich in Beschlag nehmen zu können. Aber meistens dauerte es nicht lange, bis er von Heiner entdeckt wurde. Entweder spürte er ihn hinter der Turnhalle auf, wo Stefan während der Pausen zuweilen auf einem großen Basaltstein hockte, nachdenklich seinen Pausenkakao trank und sich aufrichtig an der Nichtanwesenheit seiner Mitschüler erfreute. Oftmals hatte Heiner seinen Klassenkameraden Stefan mit den Worten »Da bist du ja!« enttarnt, wenn dieser sich neutralisierend unter seine Mitschüler zu mischen versucht hatte. Jedes Experiment Stefans, jede Strategie, sich für seinen treuen »Begleiter« Heiner unsichtbar zu machen, scheiterte kläglich.

Einmal hatte er Stefan aus einem Gebüsch gezerrt, in dem dieser gerade seine Blase entleerte. »Was machst du da?« Heiner war in der Tat eine Kapazität, wenn es darum ging, Fragen zu stellen, deren Beantwortung Stefan so unsäglich schwerfiel und ihn zuweilen ins Schwitzen brachte. Oder zum Verstummen.

Stefan wandte Heiner den Rücken zu und schützte seine Baumfrucht vor dessen neugierigen Blicken. Heiner umkreiste Stefan daraufhin in einem bedrohlich engen Radius und stand seinem Mitschüler Sekunden später wieder gegenüber. »Am Marktplatz liegen noch viel mehr davon«, setzte er Stefan völlig unnötig in Kenntnis. »Redest du nicht mehr mit mir?«

Hätte Stefan mit »ja« geantwortet, hätte er Heiners Frage zwar korrekt und in dessen Interesse beantwortet, aber er hätte mit ihm geredet. Ein »Nein« hätte eine Unterhaltung mit Heiner zur unerwünschten Folge haben können. Folglich durfte Stefan nicht antworten, um Heiners Monolog nicht in einen Dialog umschlagen zu lassen. Heiner war also selbst schuld, weil er Stefan derart unter Zugzwang setzte.

»Du bist komisch!« Mit diesem Satz fasste Heiner das für ihn unerklärliche Verhalten Stefans zusammen. Aber er ließ ihn nicht in Ruhe. Immer noch stand er abwartend Stefan gegenüber, und nichts deutete darauf hin, dass er diese Position in absehbarer Zeit zu Stefans Gunsten aufzugeben gedachte, nämlich indem er sich aus dem Staub gemacht hätte.

Angespannt und ungeduldig wartete Stefan auf den Dreiklang aus den beiden Lautsprechern an der Außenmauer des Backsteingebäudes, der über den Schulhof ertönen und das Pausenende einläuten würde. Sicher war er einer der sehr wenigen Schüler, wenn nicht sogar der einzige, der sich auf das Ende der großen Pause freute. Zumindest heute. Er wollte noch ein paar Sekunden alleine mit seiner Kastanie sein, die er zwischenzeitlich aus ihrer Schale befreit hatte. In der rechten Hand hielt er die grüne Stachelhülle, in der linken Hand den hochglänzenden, glatten Fruchtkern.

Stefan war versunken in der Betrachtung seiner Kastanie, aber weniger aus naturwissenschaftlichem Interesse. Er instrumentalisierte den Kastanienkern, um nicht mit Heiner reden zu müssen. Er hatte einfach keine Lust dazu. Wie so oft.

Aber Heiner wollte kommunizieren! Er hatte es sich offensichtlich fest vorgenommen, mit Stefan ins Gespräch zu kommen und diesen somit um den Genuss einer ruhigen Schulpause zu bringen. Und da seine freundlich zugewandte und neugierige Art des Kommunikationsaufbaus nicht zum erwünschten Erfolg führte, probierte Heiner es mit einer aggressiven Form der Kontaktaufnahme. Ihm schien jedes Mittel legitim, die Nichtbeachtung seiner Person durch Stefan zu einem erfolgreichen Ende zu bringen.

Ohne jedwede Vorankündigung schlug er mit seiner flachen linken Hand von unten gegen Stefans rechte Hand. Die Verpackung Stefans Fundes hüpfte von dessen Handteller auf die Erde, auf der sich schon etliche Kastanienblätter und Kastanienfrüchte versammelt hätten, wäre der Hausmeister der Goetheschule, Herr Escher, nicht annähernd rund um die Uhr zwanghaft mit der Beseitigung der natürlichen Herbstboten beschäftigt gewesen. Es war Ende Oktober. Es schien, als hätte Herr Escher am liebsten jedes einzelne Blatt und jede Kastanienfrucht schon während des freien Falls vom Baum aufgefangen und entsorgt.

Hätte Herr Escher die saisonale Entblätterung der Kastanienbäume akzeptiert und die »Verunreinigung« *seines* Schulhofes einfach geduldet und der Natur ihren freien Lauf gelassen, hätte es auf dem Schulhof Blattwerk gegeben, aus dem Stefan mit seinem rechten Fuß durch geschicktes Hin- und Herschieben das Wort »verschwinde« hätte kehren können.

Heiner versuchte vergeblich, Blickkontakt zu seinem Gegenüber herzustellen, um die Wirkung seiner Aktion zu prüfen. Stefan blickte kurz auf die Fruchtschale auf dem Asphalt, dann wieder demonstrativ auf den Kastanienkern in seiner linken Hand. Langsam schloss er seine Finger um die Kastanie, beginnend mit dem kleinen Finger und endend mit seinem Daumen, bis er den Fruchtkern fest und sicher in der Faust hatte.

»Was sagst du jetzt?«, fragte Heiner herausfordernd und trieb Stefan damit erneut in die Enge. Heiner schubste mit seinem rechten Schuh die Pickelschale zentimeterweise hin und her.

Hätte Stefan »nichts!« gesagt, hätte er damit sein Schweigen gebrochen. Also sagte er gar nichts, um sein

Ignorieren der Anwesenheit Heiners aufrechtzuerhalten und zu bekräftigen. Er hatte nicht vor, sein Schweigen zu brechen. Heiner unternahm an diesem Tag alles nur Erdenkliche, diesen Entschluss in Stefan zu festigen und als langfristig absolut richtige Entscheidung zu bestätigen.

Heiners rechter Fuß schwebte jetzt etwa zehn Zentimeter über der Kastanienschale. Stefan ahnte, was sein kommunikationsfreudiger Mitschüler vorhatte, aber er schwieg beharrlich.

»Weißt du, was ich jetzt machen werde?«, fragte Heiner provozierend.

Es war für Stefan keine wirkliche Herausforderung, Heiners schwebenden rechten Schuh und das, was er damit zu planen schien, zu interpretieren. Außerdem war ihm die Schale, die jetzt schon vom Hin und Her auf dem rauen Asphalt etwas lädiert aussah und auch einige ihrer ehemals 23 Dornen eingebüßt hatte, gar nicht so wichtig. Stefan hätte sie wenige Sekunden später ohnehin über den verwitterten Holzzaun geworfen, der den Schulhof eingrenzte. Und das redete er sich nicht nur ein. Er hatte diese Entscheidung wenige Sekunden zuvor gefasst.

Während Stefan versuchte, die Wirkungslosigkeit von Heiners Unterfangen zu visualisieren, indem er gelangweilt und gleichsam unbefangen durch die fast blattlosen Baumkronen der drei Kastanienbäume hindurch in den blauen Herbsthimmel starrte, sauste Heiners Fuß auf die Kastanienschale hinunter. »So!«, schrie Heiner, als hätte er etwas absolut Spektakuläres vollbracht.

Welch ein Idiot, dachte Stefan. Er hätte diese Wörter zu gerne an Heiner persönlich gerichtet, aber das hätte Heiner die Aufmerksamkeit eingebracht, um die er sich während der ganzen Schulpause, ja, eigentlich vom ersten gemeinsamen Schultag in der Goetheschule an, so eisern wie impertinent bemüht hatte. Das galt es, zu vermeiden! Außerdem unterlag er ja seinem eigenen Schweigegelübde. Um aber nicht an diesen unausgesprochenen drei Wörtern zu ersticken, richtete Stefan die drei Vokabeln an einen 50 Zentimeter hohen Baumstumpf gleich neben sich, der ihm während der Schulpausen als Sitzgelegenheit diente und zugleich ein Verbündeter oder gar ein Freund war, dem er seine Gedanken und Ideen anvertraute. Stets hatte sich der Baumstumpf als guter und diskreter Zuhörer erwiesen. »Welch ein Idiot!«, flüsterte Stefan.

Der kurze Baumstamm war das Überbleibsel eines einst mächtigen Kastanienbaumes, der offenbar vor vielen Jahren einer tödlichen Krankheit zum Opfer gefallen war. Seine Wurzel und einen halben Meter Stamm hatte man als hölzernes Denkmal von ihm übriggelassen.

»Welch ein Idiot!«, murmelte Stefan erneut. Aber nicht leise genug.

Der Wurzelstock widersprach nicht. Er pflichtete Stefan auch nicht bei, sondern er hörte einfach nur zu. Das war die bewährte Basis der Verbindung zwischen Stefan und dem Baumstumpf.

Und etwas, das niemand wusste und in der Goetheschule auch nie bekannt werden durfte, war, dass Stefan diesem Restbaumstamm, der ihm während der Schulpausen als Sitzgelegenheit diente, im Sommer des Vorjahres einen Namen gegeben hatte, ebenso wie den drei noch unversehrten Kastanienbäumen in der hintersten Ecke des Schulhofes.

Dieser Baumstumpf, er hieß Thomas, hatte sich im letzten Sommer als geduldiger und toleranter Gesprächs- oder besser Schweigepartner erwiesen, als Stefan sich wegen einer völlig zu Unrecht mit einer Fünf benoteten Mathematikarbeit an ihn gewandt hatte.

»Nein, du bist ein Idiot!«, brüllte Heiner und wurde übergriffig. Mit der rechten Hand fasste er Stefans Handgelenk, mit der linken Hand versuchte er dessen Finger auseinanderzubiegen. Stefan hielt dagegen und schloss seine Faust noch fester um den Kastanienkern. Seine Knöchel schmerzten. Mit der freien rechten Hand versuchte Stefan im Gegenzug, Heiners Finger wiederum von seinen zu lösen. Noch hatte er die Kastanie fest im Griff.

Ab diesem Zeitpunkt wurde Stefan klar, dass das immer hitziger werdende Handgemenge allem Möglichen galt, nur nicht dem Kastanienkern. Es schien um mehr zu gehen, und Stefan unterstellte seinem Gegner, dass auch er das wusste und akzeptierte, denn in sämtlichen Grünanlagen der Stadt lagen Dutzende Kastanien. Geschlossene, halb geöffnete, zertretene aber auch unversehrte Exemplare, die mit dem aktuell umkämpften Exemplar durchaus vergleichbar und austauschbar gewesen wären.

Für eine Sekunde dachte Stefan daran, in Heiners Handrücken zu beißen. Da ihm aber gottlob noch rechtzeitig einfiel, dass Beißen eindeutig femininen Verteidigungsstrategien zugeordnet wird, verwarf er diese Möglichkeit sofort wieder. Auch Kratzen war als Kampfstrategie in der Jungenwelt verpönt. Im Übrigen hatte Stefan auch keine

Hand mehr frei und seine Fingernägel hatten kaum die dafür angemessene Länge.

Der Pausenton, der die Jungen zurück in das Schulgebäude gerufen und damit eine zwangsweise Entscheidung des derzeitigen Kastanien-Zweikampfes hätte herbeiführen können, ließ weiter auf sich warten. Und so setzte sich die Handgreiflichkeit verbissen fort, denn keiner der beiden Schüler wollte sich geschlagen geben. Für einen Beobachter wäre es zu diesem Zeitpunkt nicht einfach gewesen zuzuordnen, welche der ringenden Finger jeweils zu welchem Jungen gehörten.

Stefan wusste nicht, warum er Heiner nicht leiden konnte. Andererseits konnte er ihn nicht einmal nicht leiden. Nicht einmal das. Aber mit jedem gescheiterten Versuch der Kontaktaufnahme erhöhte Heiner Stefans anscheinend grundlose und unberechtigte Abneigung gegen sich. Es war in den zwei Schuljahren bislang nie zu einer Meinungsverschiedenheit oder gar Auseinandersetzung zwischen den beiden gekommen.

Jedem Hader war Stefan bis dahin instinktiv aus dem Weg gegangen, so, wie er Heiner selbst mit wechselndem Erfolg aus dem Weg gegangen war. Es war ein einseitiges Spiel, das Stefan mit Heiner spielte. Ein eindimensionales Turnier mit dem klar definierten Ziel, Heiner auszuweichen. Das war die Aufmerksamkeit, die Stefan seinem aufdringlichen Mitschüler Heiner, ohne es zu wissen, entgegenbrachte und die ihm mehr bedeutete, als er zu diesem Zeitpunkt ahnte.

Mittlerweile hatten die vier Jungenhände an Leistungsfähigkeit deutlich eingebüßt. Die Kraft in Stefans Fingern hatte nachgelassen, und sie schmerzten von dem Widerstand, den sie Heiners Fingern entgegensetzen mussten. Heiner versuchte nach wie vor, durch das Öffnen von Stefans geschlossener Faust den Kastanienkern freizulegen. Und auch Heiners Finger hatten spürbar an Hebelwirkung verloren.

Endlich! Der Dreifachgong! Zeitgleich mit dem Pausenton gab Heiner nach. Unvermittelt gab er Stefans linke Hand frei und trat langsam einen Schritt zurück. Und Stefan war enttäuscht! Tief enttäuscht und frustriert.

Kein Gefühl des Triumphes stellte sich bei Stefan ein. Der Kampf endete viel zu schnell und ließ in ihm das Erleben eines Siegesgefühls nicht einmal ansatzweise aufkommen. Um dieses Erleben hatte ihn Heiner durch seine fristlose Kapitulation gebracht und das wiederum brachte ihm weitere Antipathiepunkte bei Stefan ein.

Noch bevor Heiner sich auf den Weg zum Eingang des Schulgebäudes machen konnte, warf Stefan seine Kastanie in hohem Bogen hinter sich. Er wusste nicht, wo sie landete. Das war ihm auch nicht wichtig. Stefans Ansinnen war es, dass Heiner sehen sollte, wie achtlos er sich der ehemals verbittert umkämpften Baumfrucht entledigte. Und Heiner hatte es gesehen. Das erkannte Stefan an Heiners rotierenden Augäpfeln. Sie verfolgten den Flug der Kastanie bis zu deren Bodenkontakt, der vermutlich in der kleinen Anpflanzung von Azaleen in der Schulhofmitte stattfand.

In einem Abstand von zehn Metern machten sich Heiner und Stefan wortlos auf den Weg ins Schulgebäude, um die letzten beiden Unterrichtsstunden abzusitzen: Stefan auf seinem Fensterplatz in der letztlich als strategisch günstig erwiesenen ersten Reihe des Klassenzimmers, Heiner ganz hinten in der mittleren der letzten sieben Schulbänke.

Auf keinen Fall wollte Stefan je gemeinsam mit Heiner eine Schulbank drücken. Schon als sie als ABC-Schützen am Einschulungstag auf dem Schulhof zufällig nebeneinanderstanden und mit den anderen Erstklässlern mit gemischten Gefühlen darauf warteten, das zukünftige Klassenzimmer zu beziehen, hatte Heiner hemmungslos an Stefans Schultüte gefingert, um deren Inhalt in Augenschein zu nehmen. Einunddreißig Erstklässler standen in der Nähe, und die Inhalte genau so vieler Schultüten hatte es für Heiner zu entdecken gegeben. Aber Stefans Schultüte war es, auf die Heiner es abgesehen hatte.

Schon deshalb hatte sich Stefan, als er mit den übrigen Schulanfängern letztlich in das Klassenzimmer geführt worden war und er Heiner einen Stuhl ganz hinten im Klassenzimmer hatte einnehmen sehen, einen der traditionell unbeliebten Plätze in der ersten Reihe zuteilen lassen. Stefan war stolz auf seine Weitsicht, blickte aber erwartungsgemäß widerwillig aus der Wäsche und gratulierte sich insgeheim selbst zu seinem taktischen Geschick.

Triebfeder seiner für die unwissenden und deshalb kopfschüttelnden Mitschüler als selbstschädigendes Verhalten diagnostizierten Platzwahl war die Schaffung größtmöglicher Distanz zu Heiner. Denn welcher Schüler, der alle fünf Sinne beisammen hat, setzt sich freiwillig auf eine Schulbank in der ersten Reihe und sich damit auch der jahrelangen und uneingeschränkten Observierung durch das Lehrpersonal aus?

Stefan hatte demzufolge für den räumlich größtmöglichen Abstand zu Heiner einen hohen Preis gezahlt, ja, fast ein Opfer gebracht, und das Opfer war er selbst. Ob freiwillig oder nicht, sei dahingestellt.

Zwei Monate vergingen, ohne dass es zu weiteren Disharmonien, ähnlich dem Kastanienkrieg, zwischen Heiner und Stefan gekommen wäre. Heiner hatte nicht einmal einen weiteren Versuch der Kontaktaufnahme unternommen, was Stefan, wie er sich schnell eingestand, verwirrte. Er erwischte sich sogar dabei, dass er seinen Kopf während des Unterrichts oft nach hinten drehte, um nach Heiner Ausschau zu halten. Jetzt war er es, der einen Kontakt aufbauen wollte, aber Heiner wich Stefans Blicken demonstrativ aus.

In den Pausen ging Heiner seinem Mitschüler Stefan ganz gezielt und offensichtlich aus dem Weg, wenn dieser versuchte, sich wie zufällig in seiner näheren Umgebung einzufinden. Stefan lernte ein unangenehmes Gefühl kennen, und er suchte deshalb einige Male seinen hölzernen Freund Thomas auf, um ihm seine Verwirrung mitzuteilen. Aber irgendwie führten seine Besuche nicht zum gewohnten Erfolg, denn die erhoffte Wirkung blieb aus. Aus Thomas war ein normaler Baumstumpf geworden.

Zwei Wochen vor den Weihnachtsferien setzte sich Stefan müde zur ersten Unterrichtsstunde auf seinen Platz. Eine Mathematikarbeit stand auf dem Lehrplan. Er war alles andere als zuversichtlich. Auch bei seinen Mitschülern war die Stimmung gedämpft. In wenigen Sekunden würde Frau Menzel das Klassenzimmer betreten und die

Arbeitsbögen verteilen. Stefan senkte seinen Blick und sah auf dem Pult vor sich eine Kastanie liegen.

Er stellte sofort einen Zusammenhang zwischen dem Kastanienkern und Heiner her und drehte sich nach hinten um. Heiners Platz war leer.

Zögerlich und sichtlich erschüttert betrat Frau Menzel das Klassenzimmer, ging langsam zu ihrem Schreibtisch und stellte ihre braune Aktentasche ab. »Ich muss euch etwas mitteilen«, sagte sie mit leiser Stimme und nahm aus der Aktentasche ein Teelicht heraus. Damit ging sie zu Heiners Pult, stellte die Kerze darauf ab und zündete sie mit einem blauen Einwegfeuerzeug an. Das, was Frau Menzel ihren Schülern, sozusagen bei Kerzenschein, zu sagen hatte, verursachte eine Stille im Klassenzimmer, wie sie dort noch nie geherrscht hatte. Es war eine Stille, wie man sie manchmal glaubt hören zu können.

Stefan erlebte es so, als hätte Frau Menzel einzelne Wörter auf ein weißes Blatt Papier geschrieben, diese einzeln ausgeschnitten und als Papierschnitzel über ihn geworfen. Und so trafen sie unsortiert bei Stefan ein, nur fünf davon konnte er auffangen. Aber aus ihnen und den darauf geschrieben Wörtern – Fahrrad, Bahnübergang, Mitternacht, Krankenhaus und tot – konnte er sich einen schaurigen Reim machen.

Nachdem Frau Menzel der Klasse die unfassbare Nachricht übermittelt hatte, entließ sie die Schüler. »Geht bitte nach draußen auf den Schulhof«, sagte sie leise. »Ich komme euch später holen!«

Betroffen schweigend zogen die Schüler ihre Winterjacken an und verließen den Unterrichtsraum. Diesmal zählte

Stefan nicht zu den ersten Schülern, die den Schulhof erreichten.

Während der letzten 20 Minuten hatte es zu schneien begonnen. Auf dem Schulhof lag eine zwei Zentimeter hohe Schneedecke. Die Schüler der Klasse 2B waren die ersten, die in diesem Winter die Profile ihrer Winterschuhe in den Neuschnee auf dem Pausenhof stanzten.

Stefans Klassenkameraden versammelten sich in der Mitte des Schulhofes und begannen ungewöhnlich leise miteinander zu reden.

Stefan wollte zu seinem Baumstumpf. Drei Tage war er nicht bei ihm gewesen. Aber heute musste es sein. Thomas musste ihm noch einmal zuhören, ihm helfen, seine Gedanken zu sortieren. Leise knirschte der Neuschnee unter Stefans Schuhen, als er sich schleppend auf den Weg zu den Kastanienbäumen in der hintersten Ecke des Schulhofes machte, dort, wo zwei Monate zuvor der Zweikampf zwischen Heiner und Stefan wegen eines Kastanienkerns stattgefunden hatte.

Hatte es sich um den Kastanienkern gehandelt, den er eben auf seinem Schreibtisch vorgefunden und jetzt in seiner Faust hielt? Stefan blieb kurz stehen und sah ihn sich genau an. Er konnte es nicht beurteilen.

Wenn es sich um genau den Kastanienkern gehandelt hätte, wie war er auf seinen Tisch gelangt? Und: wann? Und wer hatte Gelegenheit gehabt, ihn dort hinzulegen? Heiner? Wohl kaum.

Sollte es ein Mitschüler gewesen sein, der am Morgen dieses Dezembertages das Klassenzimmer vor ihm betreten hatte? Auch diese Erklärung fand Stefan unwahrscheinlich, denn es gab draußen keine Kastanien mehr, und außerdem: Welchen Grund sollte es hierfür gegeben haben? Stefan konnte es sich nur damit erklären, dass es keine Erklärung gab, denn je länger er versuchte, der Sache auf den Grund zu gehen, umso unerklärlicher wurde sie für ihn.

Grübelnd setzte er seinen Weg fort. Aber ein Gedanke ließ ihn nicht los: Handelte es sich bei der Kastanie, die er gerade in seiner Hand hielt und in die Nähe des Baumes trug, von dem sie vor zwei Monaten gefallen war, um »die« Kastanie? War sie eine Botschaft? Ein Symbol? Ein Geschenk? Ein Abschiedsgeschenk von Heiner?

Endlich erreichte Stefan die Stelle, die ihm so vertraut war, und dennoch an diesem Tag so verändert und fremd erschien.

Thomas war nicht mehr da! An einem der letzten Tage hatte man den Reststamm und dessen Wurzel aus dem kalten Boden gegraben, das Erdloch mit Kies ausgefüllt.

Stefan war alleine! Wirklich alleine.

Er ging langsam und völlig in Gedanken versunken zu dem großen Basaltstein vor der Turnhalle, befreite ihn vom Schnee und setzte sich hin. Er hielt den Kastanienkern fest in der linken Hand und weinte. Er spürte nicht die Kälte des Winters, nur eine Kälte, die von ihm selbst ausging.

Eine Stunde später fand Frau Menzel ihren Schüler Stefan zitternd vor der Turnhalle auf seinem Stein hockend vor. Sie begleitete Stefan ins Schulgebäude und rief seine Eltern an, um sie zu bitten, ihren Sohn nach Hause zu holen.

Stefan besitzt den Kastanienkern heute noch. Er liegt in einer kleinen Schachtel, zusammen mit der Blechhülle eines ausgebrannten Teelichts. Für alle Fälle. Vielleicht gibt es eine Revanche.

Wie, wann und wo auch immer.

Der beste Ort

Ungewöhnlich kühl war es an diesem Septembernachmittag. Der Himmel war größtenteils bewölkt. Nur ab und zu blitzte die Sonne durch die Wolken. Sie vermochte es aber nicht, die Luft zu wärmen. Die Sonnenstunden wurden zunehmend geringer, die Tage somit immer kürzer. Die dritte Jahreszeit, meine Lieblingsjahreszeit hatte begonnen und das damit verbundene Blattsterben. Es wurde Herbst.

Ich hatte meinen Spaziergang unterbrochen und saß auf einer Parkbank, von der aus ich das prächtige Farbenspiel der Bäume bewunderte. Es war meine Parkbank, auf der ich während meiner wöchentlichen Streifzüge durch unseren Stadtwald stets eine Rast einlegte. So auch an diesem Tag.

Ich lief meinen Gedanken hinterher, aber keiner von ihnen ließ sich länger als einige Sekunden festhalten. Ein Gedanke verdrängte den anderen. Es waren Denkfetzen, Ideen, Eingebungen, Fiktionen, wichtige und unwichtige, belanglose und bedeutende Dinge, die mir durch den Kopf gingen und meine volle Aufmerksamkeit in Anspruch nahmen. Ich war völlig damit ausgelastet, meine Hirngespinste zu entwirren und meine Luftschlösser zu renovieren.

Entsprechend tief in meine Gedankenwelt abgetaucht, hatte ich nicht bemerkt, dass ein etwa zehnjähriger Junge neben mir auf der Parkbank Platz genommen hatte.

»Der beste Ort für Computerfreaks ist Amerika! Dann folgen Großbritannien und Schweden«, hörte ich den Jungen unvermittelt sagen. Ich drehte meinen Kopf nach links zu dem Jungen, aber der sah in die Richtung, in die ich bis dahin auch geblickt hatte: Geradeaus, auf eine große Rasenfläche, die von der Parkbank nur von einem Waldweg getrennt war. »Deutschland ist nicht mal unter den ersten zehn Plätzen!«

Ich blickte um mich, sah aber keine weitere Person, an die der fremde Junge sein Wissen über die Computerfreaks dieser Erde hätte weitergeben können. Demzufolge sprach er also zu mir.

Der Junge malte mit seinem rechten Turnschuh einen Kreis in den trockenen Waldboden und lehnte sich auf unserer Bank zurück. »Der beste Ort für Kinofans ist Indien.«

Ich sah immer noch zu dem Jungen hinüber. Er trug ausgewaschene Jeans und einen blauen Anorak, dessen Reißverschluss zwar offenstand, in dessen Taschen er aber seine Hände tief vergraben hatte. Er blicke weiterhin geradeaus.

»Die drei besten Orte für Steuerflüchtlinge sind Luxemburg, die Cookinseln und die Kanalinseln.«

Ein Junge, etwa im gleichen Alter wie mein Banknachbar, raste auf seinem Fahrrad auf uns zu und bremste abrupt ab. Das Vorderrad kam kurz vor den Knien meines »Gesprächspartners«, umgeben von einer Staubwolke, zum Stehen. »Na, du Blödmann!«

Mein Bankgenosse blickte in den Himmel und schwieg. Ich hätte genau wie er reagiert, und zwar gar nicht. Er schien weder wütend noch gekränkt zu sein. Auch das konnte ich nachvollziehen. Ich an seiner Stelle wäre auch beides nicht gewesen. Der Junge begann mich zu interessieren. Er scharrte jetzt einen zweiten, kleineren Kreis in den, den er kurz zuvor vollendet hatte.

Der schroffe Kerl auf dem Fahrrad schlug mit beiden Händen auf die Lenkstange ein: »Hast du eine Ahnung, welche Nummer mein Spind in der Stadtbücherei hatte, wo ich meine Sachen heute gelegt habe? Ich habe den Schlüssel verloren. Weißt du es oder nicht? Du hattest doch das Schränkchen neben meinem. Oder willst du es mir nicht sagen? Blödmann!«

Der Junge an meiner Seite antwortete nicht. Er blickte weiterhin in den Herbsthimmel und schien den Wolken zu folgen, die sich gerade zu einer großen grauen Wolke formierten. Seit Tagen hatte es nicht geregnet.

»Blödmann!«, zischte der Junge auf dem Fahrrad und gab auf. Seine Anfeindung lief ins Leere. Es machte ihm keinen Spaß mehr. Er drehte wütend sein Fahrrad herum. Der dabei aufwirbelnde Staub ermöglichte dem ruppigen Burschen zumindest einen durchaus spektakulären Abgang: Er machte sich, wild in die Pedale seines Mountainbikes tretend, aus dem Staub!

»... Welche Nummer mein Spind hatte, in das ich meine Sachen heute gelegt habe«, korrigierte der Junge neben mir leise und fügte seiner grammatikalischen Richtigstellung noch ein »Blödmann!« hinzu. »Es war die Nummer 76.«

Ich zog den Kragen meiner Lederjacke hoch und verfolgte ebenfalls die meteorologische Veränderung am Himmel. »Na ja«, begann ich, »das Schränkchen des Blödmanns hatte nicht die Nummer 76, sondern es trug, oder besser, es trägt, vermutlich immer noch, die Nummer 76«, ergänzte ich die Richtigstellung meines Nachbarn und kam auf die Hitparade der Steuerflüchtlinge zurück.

»Du bist ja bestens informiert«, versuchte ich den Monolog des Jungen in ein Gespräch zu überführen, obschon ich eigentlich zunächst gar kein Interesse gehabt hatte, mit ihm zu reden. Immerhin hatte er mit seinen statistischen Daten meinen Gedankenflug unterbrochen und mich zur Landung in der Realität genötigt. Ein Vorgehen, das ich allgemein nicht schätze. Aber irgendwie war ich neugierig geworden.

Unvermittelt sah er in meine Richtung, aber nicht in meine Augen, sondern weit darüber hinweg. Ein minenloses Gesicht, weder traurig noch heiter. Ein junges Pokerface! Keine Emotion ließ sich darin ablesen. Zumindest mir gelang es nicht. Aber seine spärliche Mimik fiel mir sofort auf, da man mir auch zuweilen unterstellt, ich sei emotionslos oder hinterließe zumindest den entsprechenden Eindruck. Nur einmal kurz trafen sich unsere Blicke, denen ich auswich. Vermutlich kam ich ihm damit Bruchteile von Sekunden zuvor. Auch er schien einen direkten Blickkontakt vermeiden zu wollen. So taten wir uns gegenseitig den Gefallen.

»Der beste Ort für Vegetarier ist übrigens auch Indien.« Er beugte sich hinunter zu seinen Turnschuhen, öffnete die Schnürsenkel und band sie wieder zu. »Inder essen sehr wenig Fleisch«, wusste er nach einer Weile zu berichten.

»Dann werde ich da wohl besser nicht hinreisen«, entschied ich, nur um irgendetwas zu sagen. Erwartet hatte der Junge es aber nicht. Und ich hatte nicht ernsthaft in Erwägung gezogen, dass ihn mein Entschluss, Indien nicht bereisen zu wollen, interessierte, wenn überhaupt erreichte.

»Der beste Ort für Biobauern ist Liechtenstein«, setzte mein Banknachbar seine Aufzählung fort, immer noch mit seinen Schuhbändern beschäftigt.

»Bemerkenswert«, sagte ich.

»Finde ich auch«, stimmte der Junge zu.

Jetzt sprach er nicht nur zu mir, sondern auch mit mir. Er fügte noch an: »Sehr bemerkenswert. In diesem kleinen Land.«

Mit »bemerkenswert« meinte ich aber weniger die Tatsache, dass, laut Auskunft meines sachkundigen Banknachbarn, Liechtenstein den weltweit höchsten Anteil an biologischem Anbau betreibt. Bemerkenswert fand ich vielmehr das Verhalten des Jungen, das mich an mein eigenes Verhalten erinnerte, als ich in seinem Alter war. Und ich fand es darüber hinaus bemerkenswert, dass ich es bemerkte. Immerhin war ich schätzungsweise 40 Jahre älter als der Junge. Er hielt mir einen Spiegel vor, in dem ich eine jüngere Ausgabe meines Selbst sah. Das fand ich bemerkenswert. Solchermaßen unerwartet konfrontiert wiederholte ich: »Absolut bemerkenswert! Geradezu beeindruckend!«

»Ja«, bestätigte der Junge. »Ausgerechnet in Liechtenstein!«

»Ich heiße Richard«, versuchte ich die Anonymität zwischen dem Jungen und mir aufzuheben. Er war nach wie vor mit den Schnürbändern seiner Sportschuhe beschäftigt, die er jetzt schon zum wiederholten Male aufgezogen und wieder zugebunden hatte. »Der beste Ort für Künstler ist Schweden.«

»Woher weiß du das alles?«, fragte ich ihn. Er antwortete nicht.

Für ihn schien es schwierig zu sein, einen Kontakt herzustellen oder eine Unterhaltung zu beginnen, und noch schwieriger, eine Konversation, so harmlos und unverbindlich sie auch sein mochte, angemessen einzuleiten und oder gar aufrecht zu erhalten, sofern er überhaupt den Wunsch danach verspürte. Ich hatte ihm schon einige verbale Bälle zugeworfen, die er aber nicht auffing oder gar zurückgab. Das kam mir bekannt vor.

Ich warf den nächsten Ball: »Magst du Listen?«

Auch diese Frage überging er. »Der beste Ort für Fußballfans ist Brasilen. Dort gibt es die meisten Fans«, informierte er mich stattdessen und öffnete wiederum die Schnürsenkel seiner Schuhe. »Ich mag keinen Fußball!«, sagte er nachdrücklich und band sie wieder zu.

Die Unsicherheiten, mit denen der Junge zu kämpfen schien, sind mir vertraut. Manchmal als freundliche Feinde, manchmal als feindliche Freunde getarnt, mit der Mission, mich aus meinem ohnehin filigranen Gleichgewicht zu bringen. Wohin mit meinen Blicken, wohin mit meinen Händen? Über was soll ich reden? Wie soll ich reagieren? Was erwartet der andere? Wieso finden mich die meisten Menschen komisch und schwierig? Warum gehen mir viele Leute aus dem Weg? Wieso verstehen mich die anderen falsch oder gar nicht?

Ich konnte mir denken, wie und was der Junge dachte. Und er tat sich schwer damit. Einfach hatte er es sicher nicht. Als Außenseiter, Einzelgänger und Querdenker. Als komischer Kauz. Ich kann auf reichliche Erfahrungen zurückblicken.

»Warum sprichst du nicht mit uns?«

»Warum bist du so anders als wir?«

»Warum schaust du immer so ernst?«

Ich unterstellte ihm, dass er pausenlos mit Fragen dieser Art bombardiert wurde, deren Sinn er nicht erfasste und deshalb nicht zu beantworten wusste. Es waren wahrscheinlich die gleichen Fragen, die er sich selbst oft stellte und an deren Beantwortung er kläglich scheiterte.

Fragen dieser Art sind mir vertraut. Ich habe mich ihnen oft genug gestellt und tue das immer noch, nach wie vor, in regelmäßigen Abständen, ohne den Antworten auch nur ein kleines Stück näher zu kommen. Ich war dankbar, dass der Junge sie sich selbst stellte anstatt mir. Ich kenne die Antworten nicht. Bis heute nicht. Mit einigen dieser Fragen und Rätsel war ich beschäftigt, als ich an diesem Tag zu meinem Spaziergang aufbrach. Bis der Junge neben mir Platz genommen hatte.

Ich entschied mich, zu schweigen und wartete auf das nächste Beispiel der Listomanie des Jungen. Er hatte sich entschieden, seine Schnürsenkel in Ruhe zu lassen, sich aufzurichten und seine Hände wieder in die Tiefen seiner Anoraktaschen zu vergraben. Unsere beiden Blicke waren auf einen Hund gerichtet, der auf der großen Wiese vor uns einen Tennisball zu seinem Herrchen apportierte. Das machte es für den Jungen einfacher, seinen nächsten Satz an mich zu richten.

»Der beste Ort für Meerestiere ist Kolumbien. Die Meeresbewohner fühlen sich in den Gewässern Kolumbiens am wohlsten. Aber das zu erklären, wäre jetzt sehr kompliziert und schwierig!«

Entweder hatte der Junge keine Lust auf nähere Erläuterungen des Sachverhaltes im Hinblick auf die glücklichen Meeresbewohner in Kolumbien oder er unterschätzte meine Auffassungsgabe.

»Aha«, sagte ich abwesend und nichtssagend. Ich fühlte mich im Gegensatz zu den kolumbianischen Fischen gar nicht wohl. Ich finde die Welt und die meisten Menschen kompliziert und schwierig. Diese Einschätzung beruht aber, wie meine bisherigen Erfahrungen gezeigt haben, meist auf Gegenseitigkeit. Den Jungen neben mir fand ich gar nicht kompliziert oder schwierig. Das gab mir weiterhin zu denken. Wir hatten anscheinend beide unser Gewässer, in dem wir uns wohlfühlen könnten, noch nicht gefunden. Aber wir waren beide dabei, jeder auf seine Art, diese Welt, in der dieses Gewässer zu finden sein musste, zu suchen, und wenn wir es entdeckt haben, zu erkunden.
Ungefähr fünf Minuten schwiegen wir beide.

»Der beste Ort für mich ist, wo niemand ist. Wo nur ich bin«, unterbrach der Junge die Stille.

Der Halter des Hundes warf den Tennisball erneut weit von sich und der Hund raste unverzüglich über die Wiese, um ihn zu zurückzuholen.

Ich sah zu dem Jungen hinüber. Er sah mich mit einem verwirrten Blick an. Mit einem solchen Satz, fernab seines bisherigen Themas, hatte ich nicht gerechnet. »Das ist komisch. Und ich bin auch komisch«, fand er und sah sofort wieder weg. »Das finden alle!«

»Nicht alle. Ich finde das gar nicht komisch, und *dich* finde ich auch nicht komisch«, widersprach ich und verfolgte mit meinen Blicken den Hund, der den Tennisball schon wieder eingeholt und sich hastig damit auf den Rückweg zu seinem Herrchen gemacht hatte. Ich vermied den Blickkontakt zu dem Jungen, der auch meinen Blicken auswich. So ließ es sich besser kommunizieren.

»Ich kenne diesen Ort«, sagte ich leise. »Und für mich ist das auch ein schöner Ort. Manchmal sogar der Beste!«

»Wirklich?«, hörte ich den Jungen neben mir unsicher fragen.

»Ja, ich kann ein Lied davon singen!«, bekräftigte ich meine Aussage.

»Ich mag jetzt keine Musik«, sagte mein Nebenmann. Ich musste grinsen, achtete aber darauf, dass er es nicht sah.

Wir hatten uns angenähert, obschon der Junge den Abstand zwischen uns ständig vergrößert hatte. Er saß zwischenzeitlich am äußersten Rand der Bank. Wir praktizierten »Nähe durch Distanz«.

»Ja, wirklich. Ich bin auch gerne allein«, sagte ich ernst und sah weiterhin geradeaus. »Und manchmal kann man sogar auch zu zweit alleine sein. So wie wir beide jetzt. Oder auch unter hundert Menschen. Ist es nicht toll, dass wir das können?«

»Hmm, ja, manchmal schon«, fand der Junge. »Es gibt da einen Ort in mir ...«, begann der Junge.

»… den nur du kennst«, vollendete ich seinen Satz. »Und so soll es auch bleiben. Du wirst ihn brauchen. Schütze diesen Ort und verteidige ihn! Er gehört nur dir.«

Jetzt sahen wir uns an. Der Junge hatte verstanden. Während er sich erhob, sagte er: »Der beste Ort zum Denken ist der Stadtwald.«

»Nein«, sagte ich. »Der beste Ort zum Denken ist in dir. Egal, wo du bist.«

Der Junge sah mich an, und für den Bruchteil einer Sekunde zog ein flüchtiges und verschwörerisches Grinsen durch sein Gesicht. »Cool«, flüsterte er. Er zog den Reißverschluss seines Anoraks zu, griff in seine rechte Hosentasche und holte ein Puzzleteil hervor. Ein kleines Stück blau bedruckte Pappe, entweder ein Teilstück »Himmel« oder ein Fragment »Meer« zu einem großen Puzzlebild. Er legte es wortlos in meine linke Hand, die sich wie von selbst geöffnet hatte, um sein Geschenk entgegenzunehmen. Einfach so. »Danke«, sagte ich aufrichtig.

Vielleicht ist es genau das Puzzlestück, das ich benötigen werde, wenn ich mir irgendwann einmal ein Bild über diese Welt und über die Menschen zusammensetzen möchte.

Ohne sich verabschiedet zu haben oder noch einmal zurückgeblickt zu haben, setzte der Junge seinen Weg durch den Stadtwald fort. Ich sah ihm nachdenklich hinterher, das Puzzlestück in meiner Hand.

Er würde sich noch vielen Fragen stellen müssen und es würden immer neue Fragen hinzukommen. Jede Antwort würde neue Fragen aufwerfen, jede Problemlösung zu neuen Unsicherheiten führen. Er war noch jung, und es gab noch einiges für ihn zu tun.

Ich brach meinen Herbstspaziergang ab. Für mich war der Stadtwald an diesem Tag nicht der beste Ort, meine Gedanken zu sortieren. Im Gegenteil: Es waren noch weitere hinzugekommen. Aber nicht alle davon waren so grau wie der Himmel über mir.

Ich wünsche dem namenlosen Jungen, dass er zumindest einige Antworten auf seine vielen Fragen fand. Möglichst früher, als ich sie nicht gefunden habe. Und falls ich ihn noch einmal im Stadtwald treffe, seinem »besten Ort zum Denken«, kann er mir ja möglicherweise die eine oder andere Antwort auf unsere Fragen verraten.

Es hatte begonnen zu regnen.

Die Wanduhr

Die Schülerinnen und Schüler eines Gymnasiums einer mittelgroßen Stadt in Nordrhein-Westfalen erlebten ihre Klassenlehrerin an diesem Morgen anders als sonst. Völlig anders! Ungewohnt und unvertraut. Fremd.

Frau Bering war in die Klasse gekommen, gehetzt um sich blickend, und hatte die Tür hinter sich geschlossen. Mehr noch: Sie hatte die Tür von innen abgeschlossen! Ein Vorgang, den die Sextaner nicht kannten und von dem sie auch nicht wussten, dass er überhaupt durchführbar war. Sie hatten nie auf den Schlüssel geachtet, der von innen im Schlüsselloch der schweren Holztür des Klassenzimmers steckte.

Die Lehrerin, Frau Bering, eine 44-jährige, sympathische, große schlanke Frau, war bei allen Schülern gleichermaßen beliebt. Sie war warmherzig, verständnisvoll und aufrichtig. Sie war die »gute Seele« des Gymnasiums. Nicht nur mit schulischen Belangen wandten sich die Schüler an Frau Bering, sondern sie hatte auch stets ein offenes Ohr für die anderen Sorgen und Nöte der Lernenden: sowohl die der noch jungen Schüler als auch die der fast erwachsenen Gymnasiasten. Und stets hatte sie eine brauchbare und umsetzbare Empfehlung parat.

Entweder gab sie den Schülern einen pragmatischen Lösungsvorschlag mit auf den Weg oder sie schlichtete auf diplomatische Art und Weise Konflikte zwischen ihnen. Darüber hinaus hatte sie auch immer Verständnis für die Schüler, die Probleme im Elternhaus hatten. Und es gab etwas, das die Lehrerin immer für ihre Gymnasiasten hatte: Zeit!

Das gewohnte morgendliche Zeremoniell war an diesem Mittwoch ausgeblieben. Üblicherweise kam Frau Bering in die Klasse, vollzog mit ihrem linken Arm eine weit ausladende Geste, wobei ihre zahlreichen Armbänder aus Silber ein unverwechselbares Geräusch verursachten (in der rechten Hand trug sie ihre schwarze Aktentasche), und begrüßte die Schüler mit einem fröhlichen »Guten Morgen!«, woraufhin die auf diese Weise Begrüßten den Wunsch an Frau Bering im Chor erwiderten: »Guten Morgen, Frau Bering!«

Dabei ließ die Klassenlehrerin ihren Arm sinken, wobei sich die Armreifen wieder klangvoll am Handgelenk der Lehrerin einfanden.

Eines der Rituale, die man zumeist erst wahrnimmt, wenn sie ausbleiben und man sie vermisst.

Heute war alles anders. Auch das »Guten Morgen, Frau Bering!« der Klasse klang heute anders, denn es war augenscheinlich, dass dies kein guter Morgen für die Lehrerin war.

Einige der Mädchen und Jungen blickten sich gegenseitig fragend an, zuckten mit den Schultern und begannen zu flüstern.

Frau Bering schien ihre Schüler nicht zur Kenntnis genommen zu haben.

Sie nahm auf dem Stuhl ihres Lehrerpultes Platz, ließ die Aktentasche neben sich fallen und blickte nervös über die Köpfe der Schüler hinweg auf die hintere Wand des Klassenzimmers, an der die große Uhr hing: Es war acht Uhr.

Die zehn- oder elfjährigen Jungen und Mädchen blickten erwartungsvoll zu ihrer Klassenlehrerin. Frau Bering saß mit einem maskenhaften Gesicht wie versteinert an ihrem Schreibtisch und blickte ins Leere. Ihre langen dunkelbraunen Haare waren ungekämmt und verbargen einen Teil ihres Gesichtes. Hinter diesem Vorhang hervor hörten die Schülerinnen Melanie und Katja, die unmittelbar in der Schulbank vor dem Pult der Lehrerin saßen, die ängstlich geflüsterte Bitte: »Guckt bitte mal, ob da draußen jemand vor der Tür steht.« Mit den beiden Ringfingern ihrer Hände schob Frau Bering den Haarvorhang beiseite. Das vertraute Geräusch der Silberreifen war leiser als sonst.

»Melanie, bitte«, flüsterte Frau Bering, »sei so lieb.«

Die zehnjährige Schülerin blickte in das starre Gericht ihrer Lehrerin. Keine Emotion war ablesbar. Frau Bering sah Melanie auch nicht an, sondern sie blickte durch die Schülerin hindurch. »Bist du so lieb, Melanie?«

Melanie drehte ihren Kopf nach hinten und suchte Blickkontakt zu Leon. Er war der Klassensprecher der Sexta und hatte seinen Platz in der vierten Reihe. Der Junge hatte die geflüsterte Aufforderung der Lehrerin nicht hören können und blickte entsprechend unwissend und fragend zurück. Melanie stand von ihrem Stuhl auf und ging auf Leon zu. Melanies Banknachbarin Katja sah ihr schweigend hinterher. »Ich soll gucken, ob da draußen jemand vor der Tür steht«, informierte Melanie den Klassensprecher leise.

»Was ist mit ihr?«, flüsterte Leon.

Melanie zuckte mit den Achseln. »Ich weiß nicht«, gab sie zurück, »ich soll nur nachsehen, ob jemand vor der Tür steht.«

Leon erhob sich und begleitete seine Mitschülerin zur Tür des Klassenzimmers. Melanie schloss auf und Leon öffnete die Klassentür. Er trat in den Gang hinaus. »Nein, hier ist niemand«, berichtete er Melanie und das Mädchen gab die Information an die vor ängstlicher Erwartung zitternde Lehrerin weiter.

Es war menschenleer und still im langen Flur. Man hätte vermuten können, alle übrigen Klassen hätten an diesem Tag unterrichtsfrei. Kein Lehrer war mit Büchern oder Unterrichtsmaterialien unterwegs, kein verspätet eingetroffener Schüler rannte über den Flur. Es war still. Sehr still.

»Bitte!«, rief Frau Bering von ihrem Lehrerpult, »schließt die Tür wieder ab und bringt mir den Schlüssel!«

Leon kam zurück in das Klassenzimmer, schloss die Tür ab und übergab Melanie wortlos den Schlüssel. Langsam ging er zu seinem Platz zurück und setzte sich. Ihm wurde klar, dass im Unterrichtsraum etwas Denkwürdiges vor sich ging, etwas Außergewöhnliches und für Leon Faszinierendes, das er zu diesem Zeitpunkt noch nicht definieren konnte, aber ausschlaggebend für sein späteres Berufsleben sein sollte. Aber das wusste er zu diesem Zeitpunkt noch nicht.

Im Klassenzimmer wurde getuschelt und geflüstert, aber niemand verließ seinen Platz. Die Schülerinnen und Schüler waren überfordert mit der Interpretation des merkwürdigen Verhaltens ihrer Lehrerin, und einige der Mädchen und Jungen schienen sich nicht wohl mit dem Gedanken zu fühlen, gerade heute mit Frau Bering in einem Raum eingeschlossen zu sein. Unsicherheit, Betroffenheit und Furcht spiegelte sich in den Gesichtern der Schüler wider.

Frau Bering streckte bettelnd ihre Hände nach dem Schlüssel aus, den Melanie ihr entgegenhielt. Die Hände der Lehrerin zitterten wie die einer Drogenabhängigen, die ungeduldig ihre erlösende Dosis in Empfang nehmen will.

»Danke, Melanie«, sagte Frau Bering heiser, ohne einen Blickkontakt zu der Schülerin aufzunehmen. Sie nahm den Schlüssel entgegen. »Wie spät ist es?«, fragte die Lehrerin ihre Schüler jetzt mit lauter, ängstlich gefärbter Stimme.

»Ist es schon neun Uhr?«

Frau Berings Frage nach der Uhrzeit steigerte die Betroffenheit und das Befremden bei den Schülern nochmals und die Verwunderung schlug in Bestürzung um, da niemand eine günstigere Sicht zur Wanduhr hatte als Frau Bering selbst. »Es darf nämlich heute nicht neun Uhr werden!«, rief Frau Bering. »Auf keinen Fall!«

Beherzt und sich seiner Verantwortung als Klassensprecher bewusst, stand Leon von seinem Stuhl auf und wandte sich mit der Frage an die Lehrerin, von der er annahm, dass sie allen Schülern unter den Nägeln brannte: »Frau Bering, was ist mit Ihnen? Warum müssen wir uns einschließen?«

Thomas flüsterte seinem Banknachbarn Jens leise zu: »Ich glaube, sie ist verrückt geworden!«

»Haltet die Klappe!«, zischte Leon.

Die Lehrerin zuckte kurz zusammen, als hätte Leons Frage sie aus einem Tagtraum gerissen. »Was soll denn sein?«, fragte sie kaum hörbar zurück. »Als ob du die Schritte draußen im Flur nicht hören würdest! Um neun Uhr ist es soweit! Ich werde geholt!«

»Was ist um neun Uhr?«, fragte Leon intuitiv sachlich. »Um neun Uhr haben wir Mathematik mit Herrn Mahler.« Er hielt das Mathematikbuch hoch, den Umschlag mit dem Aufdruck »Welt der Zahlen« in Richtung der Lehrerin haltend.

Frau Bering blickte an allem, was sich vor ihr befand, vorbei ins Nichts: »Um neun Uhr kommen sie mich holen«, flüsterte sie. »Ich weiß nicht, wer mich wohin holen wird, aber um neun Uhr ist es so weit! Ich kann nicht mehr dagegen ankämpfen. Ich bin zu schwach. Ihr müsst mir helfen!«

Leon stand noch vor seinem Pult. »Frau Bering ...?« Er drehte sich um und sah zur großen Wanduhr hinter sich. »Es ist acht Uhr fünfzehn«, sagte er leise in Richtung der Lehrerin.

Frau Bering reagierte nicht. Sie hatte sich in sich zurückgezogen. Sie schien sich auf das, was ihrer Befürchtung nach um neun Uhr passieren sollte, vorzubereiten. Sie hatte sich offenbar ihrer imaginären Befürchtung ergeben und sich mit dem, was geschehen würde oder geschehen sollte, abgefunden.

Wie ein Mensch, der für sich den Entschluss gefasst hat, seinem Leben ein Ende zu setzen und sich damit seinem unerträglichen Leidensdruck zu entziehen, sich für die Art und Weise der Durchführung entschieden hat und auch den genauen Zeitpunkt dafür festgelegt hat, entspannten sich ihre Gesichtszüge plötzlich.

Für einen Lebensmüden bedeutet der Gedanke an den Tod das Ende seines meist langen Leidensweges. Eine Erleichterung und eine Erlösung, für die er bereit ist, mit dem

Leben zu bezahlen. Für den Betreffenden ein angemessener Preis. Eine Endlösung.

Frau Bering starrte auf den Schlüssel in ihrer linken Hand. »Wenn die wüssten …« Das Satzfragment ging in einem überspannten Lachen unter. »Ich habe gesehen, dass die mich beobachten! Schon lange! Da hinten auf der Fensterbank neben dem Aquarium sitzt zum Beispiel einer von ihnen.«

Die Köpfe der Schüler drehten sich in die Richtung, in der die Lehrerin einen der Beschatter vermutete. Auf der Fensterbank neben dem Aquarium stand eine 20 Zentimeter hohe Grünpflanze. Sonst nichts.

Melanie, die immer noch neben dem Schreibtisch ihrer Lehrerin stand, wandte sich erneut an Leon. Sie ging auf den Jungen zu und er kam ihr auf halbem Weg entgegen. Die Schüler flüsterten mittlerweile miteinander, angstvolle Vermutungen wurden ausgetauscht. »Frau Bering ist durchgedreht«, mutmaßte Robert.

Sein Bankkollege Daniel erwiderte besorgt: »Und wir sind hier mit ihr eingeschlossen.«

Jens ergänzte aus der Bank dahinter: »Und sie hat den Schlüssel.«

Im schmalen Gang zwischen den beiden Bankreihen standen sich Melanie und Leon gegenüber. »Was ist denn um neun Uhr?«, fragte Melanie leise. »Ich habe Angst.« Leon gab zu: »Ich auch.«

Tobias, der allein an einem Zweiertisch in der letzten Bank saß, direkt unter der Wanduhr, tippte hektisch die ersten Buchstaben einer Nachricht in sein Smartphone. Die

Tastentöne waren deutlich hörbar. Auch für Frau Bering, die bis zu diesem Zeitpunkt vor sich hin gekichert hatte.

»Das Handy weg!«, schrie sie hysterisch. »Sofort!«

Erschrocken legte Tobias das Handy auf sein Pult. Ihm war bekannt, dass Frau Bering keine Mobiltelefone im Klassenzimmer duldete, und sie hatte schon einige Exemplare konfisziert. Tobias hatte Angst; nicht nur um sein neues Mobiltelefon, sondern auch um Frau Bering, seine Mitschüler und um sich selbst! Er wollte einen schriftlichen Notruf auf die Handys derer senden, deren Mobilnummern sich im Speicher seines Handys befanden. An alle! Nur raus hier, dachte Tobias.

Leon stand immer noch im Gang des Unterrichtsraums. Er vermochte es nicht, sich dem Szenario zu entziehen. Er »überblickte« sozusagen die Situation, die gerade eine Wendung erfuhr.

Die Tastentöne aus dem Mobiltelefon lösten in Frau Bering einen übergangslosen Stimmungswechsel aus. »Ihr also auch!«, schrie sie unbeherrscht durch das Klassenzimmer. Sie sprang von ihrem Stuhl hoch, der dabei zu Boden kippte, und riss die Schublade vor sich auf. Mit einer Rolle Klebeband in der Hand, ja, fast damit bewaffnet, ging sie auf Tobias zu. »Geh mir aus dem Weg!«, herrschte sie Leon unterwegs an und stieß den Jungen beiseite. Jetzt stand Frau Bering vor dem Platz von Tobias. »Steh auf!«, schrie sie.

Im Klassenzimmer war es noch stiller geworden. Auch das Flüstern hatte aufgehört.

Tobias war völlig eingeschüchtert aufgesprungen. Frau Bering nahm Tobias' Stuhl und zog ihn unter die Wanduhr.

Der Junge nahm sein Handy vom Pult und wollte es zurück in seine Hosentasche stecken, als es ihm von Frau Bering aus der Hand gerissen wurde. »Das tust du nicht!«, tobte sie und stieg mit dem Handy in der rechten Hand auf den Stuhl. »Ihr steckt alle mit denen unter einer Decke!« Sie starrte die Uhr an, mit der sie sich jetzt auf Augenhöhe befand: 8:30 Uhr.

Die Silberreifen am linken Handgelenk der Lehrerin klingelten vertraut, als sie weit ausholte und mit Tobias' Handy die Glasabdeckung der Wanduhr einschlug. Laut klirrend zersplitterte die runde Glasscheibe. Eine Scherbe schnitt in die Hand der Lehrerin. Blutstropfen fielen auf den Stuhl, auf dem Frau Bering mit zitternden Beinen und in schwarzen Schuhen stand. Sie warf das Handy hinter sich. Krachend und in mehreren Einzelteilen landete es auf Manuels Pult.

»Ihr kriegt mich nicht!«, kreischte Frau Bering.

In der linken Hand hielt sie die Klebefilmrolle, mit der rechten Hand zog sie einen fünf Zentimeter langen Streifen davon herunter und versuchte, ihn mit den Zähnen abzutrennen. »Den Abroller habt ihr versteckt, aber ich schaffe es auch so!«, keuchte sie.

Alle Schüler hatten sich auf ihren Stühlen umgedreht und beobachteten das anscheinend kopflose Gebaren ihrer Lehrerin. Jeder Einzelne versuchte, dem Spektakel an der Wanduhr einen erklärbaren Sinn oder ein Motiv zuzuweisen. Bei einigen entwickelte sich eine perfide Lust am Entsetzen, eine Sensationsgier, wie man sie auf Autobahnen erleben kann, wenn Autofahrer besonders langsam an Unfallstellen vorbeifahren, um die grausamen Szenen genau zu beobachten und sich später an dem Entsetzen regelrecht zu weiden. Einige Schüler hatten aber auch Mitleid mit ihrer Klassenlehrerin. Im Klassenzimmer bot sich eine Sinfonie dar, die aus Angst, Bestürzung, Panik und Mitleid bestand. Eine Komposition, von der Leon sich gefangen nehmen ließ.

Dominierend unter allen Schülern im Klassenraum war aber die Angst vor dem nächsten Akt des Dramas, dessen Vorlage Frau Bering zeitgleich schrieb, es inszenierte und in dem sie die Hauptrolle spielte.

Melanie drehte sich kurz nach vorn und sah den Schlüssel zum Klassenzimmer auf dem Lehrerpult vor sich liegen.

»Es darf nicht neun Uhr werden«, flüsterte Frau Bering wieder. Endlich hatte sie den transparenten Klebestreifen abbeißen können. Sie ließ die Kleberolle zu Boden fallen und drückte mit beiden Daumen den Klebestreifen auf den Minutenzeiger der Wanduhr: Der Zeiger war an seiner zwischenzeitlich eingenommenen Position am weißen Ziffernblatt fixiert.

»Geschafft«, keuchte die Lehrerin erschöpft.

Melanie hatte derweil von Frau Bering unbemerkt die Tür des Klassenzimmers aufgeschlossen. Die ersten Schüler verließen schweigend und erleichtert den Unterrichtsraum. Alle blickten noch einmal zurück: Frau Bering war vom Stuhl gestiegen und hatte abgekämpft und geradezu erschlagen darauf Platz genommen. Ihr Oberkörper war zusammengesunken, die Arme baumelten kraftlos von den Schultern. Die Lehrerin begann zu weinen.

Nur noch zwei Schüler befanden sich im Klassenzimmer bei Frau Bering. Leon und Tobias. Sie hatten sich zwei

Stühle genommen und saßen ihrer Klassenlehrerin schweigend gegenüber. Völlig verändert sah Frau Bering aus. Sie weinte bitterlich. Und sie zitterte. Tobias angelte umständlich nach seiner Lederjacke, die über der Rückenlehne des Stuhls hing, auf dem die Lehrerin jetzt saß. Behutsam legte er seine Jacke über ihre Schultern. »Wer war das?«, wimmerte Frau Bering und wies auf die Glasscherben vor ihren Schuhen.

Die Jungen waren hilflos. Sie wussten nicht, wie sie sich verhalten sollten, aber ihnen schien, als sei ihre sprachlose Anwesenheit nicht falsch. Deshalb blieben sie.

Sie harrten aus, bis zwanzig Minuten später ein Notarzt und zwei Sanitäter ins Klassenzimmer kamen.

Leon und Tobias wurden gebeten, das Klassenzimmer zu verlassen. »Tschüss, Frau Bering, bis morgen«, sagte Leon. Es war ein Wunsch. Ein Teil in ihm ahnte, dass der morgige Unterricht ohne Frau Bering stattfinden würde. »Bis morgen«, flüsterte die Lehrerin erschöpft, »und komm nicht wieder zu spät zum Unterricht.«

Tobias griff nach der Hand der Lehrerin. Sie war eiskalt.

»Wiedersehen, Frau Bering, und – und gute Besserung!« Die Lehrerin erwiderte den Händedruck nicht. Der Junge ließ die kraftlose Hand los und entdeckte Blut auf seiner rechten Handfläche. »Entschuldigung! Es tut mir leid!«

»Danke gleichfalls, Tobi!«, flüsterte Frau Bering. »Ich kaufe dir ein neues Handy, gleich morgen. Versprochen.«

»Das hat Zeit«, beruhigte Tobias die Lehrerin und wunderte sich, wieso Frau Bering ihn mit »Tobi« ansprach, die Version seines Vornamens, deren Verwendung nur sehr guten Freunden vorbehalten war.

Als Leon und Tobias auf dem Schulhof standen, blickten sie hinauf zum Fenster ihres Klassenzimmers. Ihre Mitschüler standen schon um den Rettungswagen auf dem Pausenhof versammelt. Die offizielle Pause hatte noch nicht begonnen. »Du, Tobi«, sprach Leon seinen Freund an, »ich glaube, ich weiß, was ich mal werden möchte. Das mit dem Flugzeugpiloten wird nichts. Ich denke, das wäre mir auf Dauer zu langweilig ...«

9:00 Uhr! Pause.

Schlagartig füllte sich der Pausenhof mit Gymnasiasten. Aus den beiden großen Flügeltüren des Schulgebäudes strömten die Schüler lärmend und schubsend ins Freie. Alle hatten ein Ziel: Der Notarztwagen, der mitten auf dem Pausenhof stand. Es gab etwas zu sehen!

»Ich glaube, alles wird irgendwann langweilig«, antwortete Tobias nach einer Weile nachdenklich.

»Nicht alles«, entgegnete Leon. »Es gibt etwas, das nie langweilig wird.«

»Nämlich?«, fragte Tobias. Beide Jungen sahen immer noch zu dem Fenster hinauf, hinter dem sie ihre Lehrerin und das Rettungsteam vermuteten.

»Menschen«, antwortete Leon.

Die Flügeltür des Schulgebäudes öffnete sich. Frau Bering wurde, gestützt von zwei Sanitätern und in Begleitung des Notarztes, zum Rettungswagen geleitet. Händeringend und hilflos folgte der Schulleiter, Herr Roth, der Delegation.

»Ich wusste es!«, stammelte die Lehrerin, als sie an Leon und Tobias vorbeigeführt wurde. »Neun Uhr. Ich habe es euch gesagt!«

Ihre Prophezeiung hatte sich erfüllt.

»Was meinst du mit ›Menschen‹?«, nahm Tobias die Unterhaltung mit Leon wieder auf und blickte der eskortierten Lehrerin hinterher.

»Menschen!«, antwortete Leon, »Menschen werden nie langweilig.«

Frohes Fest

Markus drängte sich in der Parfümerieabteilung des Kaufhauses durch die Menge der Menschen, die am Vorabend des Heiligen Abends noch schnell ein Geschenk für ein fast vergessenes Familienmitglied oder einen Bekannten aussuchten oder, besser gesagt, aussuchen mussten, denn bekanntermaßen entsprechen solche Präsente weniger den Vorlieben oder Neigungen des zu Beschenkenden, sondern eher der Intensität der Beziehung des Schenkers zum Beschenkten und damit einem individuellen Budget.

Der zu beschenkende wurde wertgeschätzt. Und dieser Wert schien das einzige Kriterium zu sein, das der Schenker bei der Auswahl und Finanzierung der »Last-Minute«-Weihnachtsgeschenke zu beachten hatte.

Kurz zuvor musste Markus nicht nur zwei Damen durch die Parfümerieabteilung folgen, die er im dichten Gedränge nicht zu überholen mochte, sondern auch deren Dialog: »Es muss etwas über 100 Euro sein. Egal, was. Marion schenkt mir auch immer etwas über 100 Euro! Irgendetwas!«

Irgendetwas! Das machte Markus nachdenklich. Er war 24 Jahre alt. Er kannte nicht einmal irgendeinen Menschen, dem er irgendetwas hätte schenken können. Aus den Lautsprechern an der Decke plätscherte verkaufsfördernde Weihnachtsmusik.

Den diesjährigen Weihnachtsabend würde er wieder allein verbringen. Und wenn er sich heute durch die konsumfreudigen Menschen im Warenhaus manövrierte, dann eher aus dem Impuls heraus zu beobachten, was ihm erspart bleiben sollte. Nämlich: Heilig Abend. Keine Geschenke, kein Geben, kein Nehmen, kein Bitte und kein Danke.

Markus wich einem Parfümnebel aus, den zwei grotesk überschminkte Mitarbeiterinnen der Parfümerieabteilung aus überdimensionierten Flacons verteilten. Er navigierte sich hustend durch die atemberaubend duftende Nebelwand in die Lebensmittelabteilung.

Als Junge *musste* er Weihnachten feiern. Jeweils zur Mittagszeit der Heiligen Abende seiner Kindheit hatte die Stimmung in seinem Elternhaus ihren Tiefpunkt erreicht. Er hatte sich ruhig und zurückhaltend zu verhalten, die Mutter machte gute Mine zum bösen Spiel und gleichzeitig den traditionellen Nudelsalat. Vater lag betrunken auf dem Sofa im Wohnzimmer. Alle Jahre wieder …

Erwartungsentsprechend hatte er sich bei den Bescherungen über seine Geschenke zu freuen. Und das tat er dann auch, um die konstruierte besinnliche Stimmung im Wohnzimmer nicht zu gefährden und um nicht Verursacher eines Streites zwischen seinen Eltern zu werden. Er trug sozusagen die Verantwortung für einen harmonischen Verlauf der Heiligen Abende seiner Kindheit. Und er fühlte sich damit »alle Jahre wieder« überfordert.

Mit Auszug aus der elterlichen Wohnung vor fünf Jahren hatte er derartige Verantwortlichkeiten erfolgreich abgelegt. Auch für Heilige Abende. Es fanden keine mehr statt. Zumindest nicht für ihn.

In der Lebensmittelabteilung lief Markus an halb leeren Kühltheken vorbei. Einkaufswagen kollidierten scheppernd in den Gängen und an der Fischtheke entwickelte sich ein handfester Streit zweier Männer um den letzten noch lebenden Karpfen.

Er wünschte sich, zu Hause zu sein. In seiner kleinen Mietwohnung am Stadtrand, in der er sich jedoch nie zu Hause fühlte. Schon zu oft hatte er dort nächtelang zu ergründen versucht, ob er einsam oder nur allein war. Bisher war zu keinem Ergebnis gelangt.

Aber er brauchte noch etwas zu essen für den diesjährigen Heiligen Abend. Nichts Besonderes, denn für Markus war heute kein besonderer Abend. Von ihm aus brauchte es das diesjährige Weihnachtsfest nicht zu geben und alle nachfolgenden ebenfalls nicht. Man sollte sie ersatzlos streichen!

Mag sein, dass er verbittert war. Oder enttäuscht. Oder doch einsam?

Mit einer Dose Gulasch und einer Packung Spaghetti auf dem linken Arm reihte sich Markus in die Menschenschlange vor der mittleren der drei Kassen. Im Sekundenrhythmus piepsten die Scannerkassen, Lebensmittel wurden auf das Warenband gelegt und weiter vorne von den Kunden in Plastiktüten verstaut. Kassiererinnen wünschten mechanisch ein »Frohes Fest« und blickten auf die Displays ihrer Registrierkassen.

Heiliger Abend, erster Weihnachtstag, zweiter Weihnachtstag. Markus fiel ein, dass er noch drei Flaschen Rotwein brauchte. Keinen besonderen Wein, keinen besonderen Jahrgang. Nur etwas, um die Zeit bis zum endlichen Ende der Feiertage verkürzen. Er hatte zwar herausgefunden, dass es bei Weinen durchaus Qualitäts- und Preisunterschiede gab, aber die von Markus erwünschte Wirkung, nämlich eine zeitverkürzende Betäubung und ein verdrängendes Davonlaufen, war stets gleich. Die Weine aus dem unteren Preissegment erfüllten ihren Zweck ebenso wie die »guten Tropfen« aus weltbekannten Weinanbaugebieten.

»Ja! Das ist bedenklich!«, hatte sich Markus schon mehrfach eingestanden. Er stellte sich seinen Selbstvorwürfen. Alle Jahre wieder. Er fand seine Strategie selbstgefährdend, fand aber keine Alternative. Wahrscheinlich ebenso, wie sein Vater keine Wahlmöglichkeit gefunden hatte, sofern er je danach gesucht haben sollte.

Und während die Kassiererin seinen Einkauf registrierte, hörte Markus eine Stimme. Nicht neben sich, nicht über sich, sondern in sich: »Du hast Angst vor Weihnachten! Du fürchtest dich vor deinen Erinnerungen! Du läufst wieder weg! Du bist erwachsen und kannst selbst entscheiden.«

Markus entschied sich für Wein. Gleich neben der Kasse standen Rotweinflaschen als Sonderangebot-Pyramide aufgebaut. Markus brauchte nur zuzugreifen.

Während er die Konservendose und die Spaghettipackung einpackte, die drei Rotweinflaschen fast von allein in seine Einkauftasche rollten und er das standardisierte »Frohe Feiertage« der Kassiererin hinter sich hörte, traf er eine Entscheidung. Zielstrebig verließ er das Kaufhaus.

Vor der großen Tür saßen immer doch die drei Wohnungslosen, die Markus beim Eintritt in den Konsumtempel gesehen hatte. Sie saßen dicht nebeneinander, unter mehreren Decken fast versteckt. »Wir wünschen eine gesegnete Weihnacht«, kam es auf den Tiefen des Deckenbündels.

Markus überreichte jedem der drei Männer eine Flasche Wein. »Euch auch eine frohe Weihnacht«, sagte er aufrichtig. »Ich werde es ohne schaffen.«

Die Männer bedankten sich. Der mittlere Mann fragte: »Was willst du schaffen?«

»Weihnachten ohne Davonlaufen«, antwortete Markus und machte sich auf den Heimweg.

Mein weißer Traum

Ich sitze auf einer Eisscholle. Sie ist gerade groß genug, um darauf Platz zu finden. Mir ist kalt, und ich bin von Eiseskälte und weißem Nebel umgeben. Alles um mich herum ist kalt und weiß. Eine Kälte, die meinen Atem sichtbar werden lässt, ein Weiß, das in meinen Augen brennt. Ich treibe auf meiner kleinen Eisscholle auf einem unberechenbaren Meer namens Leben. Mein tiefgefrorenes Zuhause. Meine weiße Enklave.

Ich würde mich gerne aufrichten, eine andere Haltung einnehmen, meinen Blick auf etwas anderes richten, mich umschauen, den Blickwinkel ändern. Möglicherweise entdeckte ich am Horizont etwas Neues im nahtlosen Weiß, einen Lichtblick, eine willkommene Unterbrechung des eisigen Einerleis. Aber ich fürchte, die Eisdecke meiner Scholle ist zu dünn, um gefahrlos meine Füße darauf setzen zu können. Ich könnte einbrechen. Also richte ich mich besser nicht auf und verharre ängstlich in meiner sitzenden Position.

Ich weiß von der Existenz dieser dünnen Stellen meines kalten Domizils, kenne aber deren Koordinaten nicht. Jede Änderung meiner Körperhaltung könnte deshalb für mich lebensgefährlich sein, jede Bewegung, ganz gleich in welche Richtung, könnte Folgen mit sich bringen. Das Eis könnte brechen, mein kalter Zufluchtsort könnte zerfallen. Und mit ihm meine trostlose Existenz.

Ich sitze auf meiner vertrauten Eisplatte, die ziellos im Eiswasser treibt, ohne Segel, ohne Ruder. Eine sanfte Strömung gibt die Richtung vor. Ich wüsste auch gar nicht, auf welchen Kurs ich meine Scholle bringen sollte. Also lasse ich mich treiben und suche den weißen Horizont nach Hoffnungsschimmern ab, aber der zeitweise dichte Nebel verweigert mir die Sicht auf Zuversicht und Hoffnung. Vorausgesetzt, es gibt sie.

Mein kaltes Zuhause entstand durch das Auseinanderdriften einer einst geschlossenen Eisdecke. Meine kleine Scholle war alles, was ich nach dem Zusammenbruch retten konnte. Und sie rettete mich.

So fand ich mich auf dieser kleinen treibenden Eisscheibe wieder. Sie kollidiert während ihrer schier zeit- und ziellosen Reise mit anderen umhertreibenden Eisfragmenten. Die meisten von ihnen bieten mehr Platz als mein Exil, einige wenige sind aber auch noch viel kleiner. Jeder Zusammenstoß lässt meine Scholle brüchiger und kleiner werden. Diesen Zusammenstößen bin ich hilflos ausgeliefert. Noch nie habe ich aber einen anderen Reisenden auf einer der ziel- und planlos schwimmenden Eisplatten entdeckt.

Wie Puzzleteile mit sich ständig verändernden Umrissen schlingern diese menschenleeren Eisplatten orientierungslos auf dem vermeintlich endlosen Eismeer, ohne sich jemals wieder zu einem Ganzen zusammenfügen zu können.

Was würde ich tun, wenn ich einem anderen Passagier begegnen würde? Einem weiteren auf dem eisigen Meer Reisenden. Freund oder Feind. Ich würde versuchen mich unsichtbar zu machen. Ich wäre bemüht, im endlosen Weiß unterzutauchen, bevor ich entdeckt werden könnte. Oder bevor mir jemand in dieser eisigen Umgebung seine kalte Schulter zeigen kann. Ich würde versuchen, eine Symbiose mit meiner trostlosen Umgebung einzugehen. Ich würde tun, als gäbe es mich nicht. Darin habe ich Übung. Nicht nur im Traum, sondern auch während meiner Wachzeiten hat mir diese Taktik viel Leid erspart. Wahrscheinlich. Vielleicht auch nicht.

Sollte ich beherzt meinen gefrorenen Untersatz verlassen, wenn sich eine Gelegenheit bietet? Sollte ich meine geträumte Enklave verlassen? Mich auf ein Wagnis einlassen mit unbestimmtem Ergebnis? Auf eine unvertraute Eisscholle umsteigen, wenn diese sich meiner Heimatscholle nähert und andockt? Mich von einer vielleicht größeren Eisscholle weiter durch das Meer treiben lassen? Das wäre für mich der sprichwörtliche Sprung ins kalte Wasser, ohne mit diesem wirklich in Berührung zu kommen. Schon die gedankliche Auseinandersetzung mit dieser Möglichkeit macht mir Angst. Es wäre zu gefährlich, die Folgen zu ungewiss.

Möglicherweise trägt mich die andere Scholle in wärmeres Gewässer. In ein Gebiet, in dem sich bewachsene Hügel zeigten, erste grüne Flecken sichtbar würden, Bäume wüchsen, zwischen deren Wipfeln sich der eine oder andere Sonnenstrahl zeigte, Pflanzen und Blumen das grenzenlose Weiß ablösten. Meine Eisscholle könnte dort anlegen, am grünen Ufer einer Landschaft mit üppiger Vegetation und farbenprächtiger Flora. Ich bin mir nicht sicher, ob ich jede Farbe bekennen könnte, nach meinem langen Aufenthalt im grenzenlosen Weiß. Ich habe auch vergessen, wie sich Sonne auf meiner Haut anfühlt oder sonnengewärmter Sand unter meinen Füßen. Ich weiß nicht mehr, wie erfrischend ein Sommerregen sein kann. Ich habe vieles vergessen. Aber nicht alles. Es gibt negative Erinnerungen, die sich wie Parasiten in mir festgesaugt haben, sich ständig vermehren, belastende Erfahrungen, die sich nicht mehr durch positivere Erkenntnisse ersetzen lassen wollen.

Und ich kann nicht vergessen, wie gefährlich meine Gedankenflüge sein können.

Deshalb lasse ich die begonnene Fantasie über ein freundliches Reiseziel nicht weiter zu. Ich unterbreche die Illusion. Ich will mich nicht enttäuschen. Ich fürchte mich. Denn das Eisstück, das mich trägt, könnte im milden Wasser schmelzen, eins mit dem Meer werden.

Hilflos müsste ich zusehen, wie sich mein Eisfloß auflöst. Ich würde den kalten Boden unter mir verlieren. Diese schwimmende Enklave ist alles, was ich habe. Ich würde mit ihr untergehen. Untergehen! Endlich untergehen? Will ich das? Will ich das träumen?

Dieser Traum ist mir so vertraut, dass ich den Handlungsablauf des nächsten Aktes schon kenne, sogar dessen Ende:

Ich werde von einer menschlichen Silhouette aus meinen destruktiven Gedanken gerissen, die etwa zwanzig Meter von mir entfernt einen Nebelschleier teilt und sich mir zeigt. Die Gestalt nähert sich. Sie steht unbeweglich und aufrecht auf einer Eisscholle, ist weiß gekleidet und streckt mir ihre rechte Hand entgegen. Die Eisscholle, auf der mir die Erscheinung entgegentreibt, ist vielfach größer als meine. Sie wirkt deshalb sicherer, stabiler, und würde wahrscheinlich noch etlichen Kollisionen mit anderen Eisplatten standhalten. Und es wäre reichlich Platz auf dieser Scholle, für den diffus auftauchenden Passagier vor mir und für mich. Wir könnten uns sogar zeitweise aus dem Weg gehen, wenn auch begrenzt. Das wäre mir sehr wichtig.

Nur noch fünf Meter trennen mich von meinem Besucher. Seine Hand ist immer noch nach mir ausgestreckt. Ich versuche vergeblich, den schattenhaften Umriss der Gestalt gedanklich zu einem menschlichen Körper zu vervollständigen. Auch sein Gesicht ist ohne Konturen. Gespenstisch, mich aber keinesfalls ängstigend. Ich kann nicht erkennen, ob eine Frau oder ein Mann auf mich zukommt. Ich kann auch nicht ausschließen, dass ich selbst es bin, der mir begegnet.

Als die weiße, schemenhafte Hand der nebulösen Gestalt für mich zum Greifen nah ist, wache ich auf. Wie immer an dieser Stelle endet mein Traum auch diesmal. Mein Ausflug zur Schnittstelle zwischen meinem Bewusstsein und meinem Unterbewusstsein ist ausgeträumt. Mir ist kalt.

Ich werde vermutlich nie erfahren, wie ich mich in meinem Traum entscheiden würde, fände die Inszenierung nicht immer an dieser entscheidenden Stelle ein Ende. Vielleicht ist es die Angst vor dem Endgültigen, die es verhindert, meinen vertrauten Traum endlich zu Ende zu träumen. Oder es fehlen die Erfahrungswerte, aus denen mein Traumrepertoire letztlich gespeist wird. Ich habe noch nie eine helfende Hand entgegengenommen, mich noch nie jemandem anvertraut. Weder einem Freund noch einem Feind.

Es ist 4 Uhr morgens. Ich wünsche mir, es wäre schon Abend. Es liegt so viel Tag vor mir, so viele Stunden, während der ich mich von bedrückenden Ideen quälen lassen muss, ohne diese grauen Gedankenketten zerschneiden zu können, ohne mich den dunklen Fiktionen entziehen zu können. Ich fühle mich meinen eigenen Gedanken ausgeliefert. Ich bin in ihnen gefangen. Ich bin in mir gefangen. Ich bin mein eigener Gefangener und Wärter.

Ich möchte mich zurückziehen. Mich treiben lassen. Mich für meine quälenden Gedanken und Ideen unsichtbar und unerreichbar machen. In einem ewigen weißen Nichts untertauchen und darin aufgehen.

Auf einer kleinen Eisscholle auf einem grenzenlosen Meer.

Das Foto

Ich heiße Jens, und ich bin 26 Jahre alt.

Ich erinnere mich noch deutlich an meinen ersten Schultag. Heute noch. Zwanzig Jahre nach diesem von mir gefürchteten Ereignis am 1. April des Jahres 1982, einem Mittwoch, der vom frühen Morgen bis zum späten Abend von Regengüssen begleitet wurde! Noch lebhafter sind meine Erinnerungen aber an eine Episode, die sich am Vortag meiner Einschulung zugetragen hatte, vermutlich, weil sie für mich noch viel unerfreulicher und verdrießlicher war und in Nachhinein die Qualität einer Traumatisierung erreichen sollte. Ich ahnte es irgendwie.

Einen Tag vor meiner Einschulung zerrte mich meine Mutter zum Fotografen. Darauf freute ich mich nicht.

Auf beides nicht: Weder auf die mir bevorstehende jahrelange pädagogische Begleitung, die mein zwei Jahre älterer Bruder Marc mir als eine besonders perfide Form des »offenen Strafvollzugs unschmackhaft gemacht hatte, noch auf den Fotografen, den mein Bruder mir als »total bekloppt« beschrieben hatte.

Marc hatte bereits Bekanntschaft mit beiden Ereignissen gemacht und sprach also aus Erfahrung. Es gab ein vorzeigbares Einschulungsfoto von ihm, und er hatte schon zwei Schuljahre überlebt. Er sollte mit beiden Prophezeiungen recht behalten. Aber noch war ich nicht eingeschult! Und ich war noch nicht fotografiert! Jedenfalls nicht anlässlich meiner Einschulung.

Dabei hatten sich bis dahin schon etliche Kinderfotos von mir angesammelt. Keines davon wäre geeignet gewesen, als Werbefoto für Kindersicherheitssitze oder sonstige Produkte, die allgemein für Kinder hergestellt oder von Kindern genutzt werden, herangezogen zu werden. Die Herstellerfirma, die mich als Werbeträger mit ihren Produkten in Verbindung gebracht hätte, wäre dem finanziellen Untergang geweiht gewesen.

Auch als Werbeikone für Babynahrung wäre ich nicht in Frage gekommen, da ich beim Verzehr solcher Lebensmittel nicht gerade ein Gesicht aufsetzte, das Genuss, Sinnesfreude oder wenigstens Wohlbefinden ausgestrahlt hätte.

Ich war als Baby kein Wonneproppen, und wenn doch, hatte ich keiner sein wollen, weil mir das Wort schon nicht gefällt. Als Säugling hatte ich mich natürlich nicht gegen eine solche Titulierung wehren können, aber es war auch niemand auf die Idee gekommen, mich so zu nennen. Zumindest war mir dieses Wort zu keinem Zeitpunkt meiner Wickelkindjahre zu Ohren gekommen. Weder von meiner Hebamme noch seitens meiner Erziehungsberechtigten oder von sonst irgendjemandem, der seinen großen Kopf neugierig in meinen Kinderwagen steckte. Im Nachhinein bin ich also dankbar, zu keinem Zeitpunkt ein Wonneproppen gewesen zu sein.

»Er ist der beste Fotograf im Ort«, redete meine Mutter auf mich ein, während sie mich zu Hause für die geplante Ablichtung meiner Person präparierte, was mich nicht weiter beeindruckte, da es der einzige Fotograf im Ort war.

»Und der beklopptesteste Fotograf!«, ergänze Marc, was mir gleichsam logisch erschien.

Ich wollte nicht abgelichtet werden! Ich schätze es bis heute nicht. Nach wie vor nehme ich vor jedem Fotoapparat Reißaus. Demzufolge bin ich auf Bildern entweder von hinten oder aus dem Bild laufend oder bestenfalls Grimassen schneidend mit herausgestreckter Zunge oder ähnlich entstellenden Fratzen zu sehen. Jedenfalls: extrem unvorteilhaft und keinesfalls fotogen!

Man hatte es aber während meiner sechs Lebensjahre geschafft, zwei Porträts von mir zu »schießen«. (Auf diesen beiden Fotos sitze ich in einem Kinderwagen, ein Gebrauchtfahrzeug, das ich von meinem Bruder übernommen hatte). Ich konnte meinen Fluchtimpuls also noch nicht angemessen ausleben. Ich lernte erst recht spät laufen. Die Bilder entstanden demzufolge gegen meinen ausdrücklich erklärten Willen und gegen meinen lautstarken Widerstand. Und nicht zuletzt auch deshalb mache ich auf diesen beiden Bildern den Eindruck, als stünde meine Exekution unmittelbar bevor.

Wieder und wieder versuchte meine Mutter, eine eigenwillige Haarsträhne an meinen Kopf zu fixieren. »Jetzt hält sie!«, brachte sie erleichtert und hüstelnd durch einen Haarspraynebel hervor und drückte das ungehorsame Haarbüschel mit ihrer rechten flachen Hand fest in die von ihr gewünschte endgültige Position. »So, jetzt auf zum Fotografen!«

Richtig schlimm war aber mein TÜV-geprüfter Schulranzen! Ganz schlimm! Rot! Ganz rot! Ich hatte ihn mir nicht ausgesucht! Ich hätte ihn mir auch unter keinen Umständen ausgesucht, allerhöchstens unter dem Einfluss bewusstseinsverändernder Substanzen, zu denen ich aber als sechsjähriger Junge keinen Zugang hatte. Nein! Ich hatte mir diese Schultasche vielmehr aussuchen müssen. Mit der Suggestiv-Frage »der gefällt dir aber ganz sicher?!« beendete meine Mutter die zähen Verkaufsverhandlungen zugunsten der Verkäuferin, deren Argument, »so eine Schultasche hat nicht jeder«, bei mir das Gegenteil von dem bewirkte, was es sollte. Ich wollte eine Schultasche haben wie jeder! Und ich bekam sie nicht!

»Ergonomisch gestaltet und von Orthopäden empfohlen« waren für mich als künftigen Erstklässler keine Kriterien für die Wahl einer Schultasche. Ich wollte einen Schul-Rucksack haben. Grau, braun oder grün. Ich wollte nicht auffallen. Ich wollte einen Schulrucksack haben, wie ihn andere Jungs besaßen. Auch Marc hatte so einen. Aber ich bekam einen roten Physio-Schulranzen! Ich hasste ihn schon vor der ersten offiziellen Inanspruchnahme, die planmäßig am nächsten Tag erfolgen sollte. Ich hatte mich schon von ihm distanziert. Es gab sie: die demütigendste Art des Schulbuchtransportes. Meine erste Schultasche: Knallrot mit reflektierenden Rücklichtern, Rückstrahlern – oder Katzenaugen, wie meine Mutter die beiden runden Scheiben auf der Rückseite des Tornisters nannte. Sie sollten mich davor schützen, überfahren zu werden. Als ob mich mein fünfminütiger Schulweg über eine stark befahrene Autobahn geführt hätte! Mit diesem Teil auf dem Rücken fühlte ich mich wie ein Ferrari, der gerade aus einer Schrottpresse ausgespuckt wurde. Und so sah ich auch aus.

Und so sah »er« aus: ein deformierter roter Kubus mit zwei Rücklichtern.

Marc nährte meine Verunsicherung und meinte gleich, es sei eine Mädchenschultasche. »Fehlen noch ein paar hübsche Bommeln und ein Pony-Aufkleber!« Immerhin sah er mich dabei bedauernd an. »Ferrarirot ist cool, aber nicht für eine Schultasche. Eher für einen ... na ja, für einen Ferrari!« Und da ich dem Wort »Bommel«, neben vielen anderen Wörtern mindestens so viel Abneigung entgegenbringe wie dem »Wonneproppen«, brachte ich meiner Schultasche fortan nicht nur Verachtung, sondern puren Hass entgegen. Sie war entwürdigend, diskriminierend und peinlich!

Der Fotograf hatte nicht viel Zeit und tatsächlich nicht alle Tassen im Schrank. Beides vermittelte er glaubhaft mit der Begrüßung: »Guten Tag und Hallo! Wir haben 15 Minuten Zeit! Zeit, ach ja, die Zeit! Gebraucht der Zeit, die geht so schnell von hinnen, doch Ordnung lehrt Euch Zeit gewinnen! Goethe!«

»Ich heiße Jens«, stellte ich mich höflich vor.

»Und der junge Mann ist mein Modell? Supertoller Schulranzen!«, sagte der Fotograf und tänzelte in einer Art durch sein Fotostudio, die man in der Psychiatrie unter dem Symptom Veitstanz kennt.

Ein dünner gelber Seidenschal flatterte um sein Gesicht, den er immer, wenn er sein Gesicht bedeckte, beiseite pustete.

Marc war ein guter Beobachter! Der Kerl hatte »einen an der Denkmurmel«, fand auch ich.

Meine Mutter maß meiner Einschulung eine deutlich höhere Wichtigkeit bei als ich. Deshalb wollte sie ein Bild von mir machen lassen. Mein letzter Tag in Freiheit! Ein Bild für die Nachwelt. Ein Vorher/Nachher-Bild! Ein Foto von mir und meinem knallroten Marschgepäck ins pädagogische Ungewisse. Von einem professionellen schalpustenden und verrückten Fotografen in einem Fotostudio. Ein besonderer Anlass, der nicht vom unbesonderen Fotoapparat meines Vaters hätte festgehalten werden können. Ein historisches Ereignis, das nicht einfach so vor der Haustür vom billigen Fotoapparat meines Bruders hätte festgehalten werden können. Es sollte eine konservierte Momentaufnahme eines meiner Lebensabschnitte werden. Und das wurde es letztlich auch.

Es gab kein Familienfest und keine vergleichbare Veranstaltung bei uns zu Hause, während der die vier dicken Fotoalben nicht Anlass zügelloser Heiterkeit boten. Sie wurden meist zu vorgerückter Stunde zur Belustigung herangezogen, wenn es keine unterhaltsamen Themen mehr gab und es einer drohenden Langeweile entgegenzuwirken galt.

Erst beim letzten Familientreffen wurden alte Bilder dieser Art gesichtet. »Guckt mal, wie schrecklich ich damals aussah!«, sagte Onkel Thomas selbstkritisch, während Tante Karin, seine Gattin, zustimmend hinzufügte: »Oh ja! Um Gottes willen! Wirf das Bild weg! So etwas habe ich geheiratet! Ha! Ha! Zeig es niemandem!«

Tante Karin hingegen kommentierte die eigene modische Entgleisung aus den 70er Jahren auf einem anderen Foto entschuldigend: »Na ja, diese Röcke waren damals modern. Aber ich muss zugeben: Ich sehe verboten doof aus!« Ich warf einen neugierigen Blick auf die besagte Fotografie und fragte mich, wo diese Röcke jemals modern gewesen sein sollten. Im Übrigen mochte ich ihr nicht widersprechen. Onkel Thomas nahm ihr das Foto aus der Hand und sagte leise: »Und so etwas habe ich geheiratet!«

Grundsätzlich fand man diese kompromittierenden fotografischen Zeitzeugen allesamt peinlich, schrecklich oder bestenfalls lustig bis lächerlich. Ich fragte mich, warum man immer wieder neue Fotos machte und die Sammlung der Absurditäten zwanghaft ergänzen zu müssen glaubte.

Neben brisantem Fotomaterial gab es auch lebensgefährliche Fotografien: Bilder, die das Potenzial bargen, den Betrachter vorzeitig und in familiärer geselliger Runde ins Jenseits zu befördern. »Ich lache mich tot!«, versprach Tante Hildegard regelmäßig beim Fotobetrachten, tat es aber nie. Bis heute nicht.

So ein Bild sollte an diesem Tag also auch von mit gemacht werden. Ich sollte Einzug in das Fotoalbum der familiären Lächerlich- und Peinlichkeiten halten. In Farbe!

Sehr farbig! Meine blaue neue Jeans war das neutralste Element der Installation, die der Fotograf mühsam arrangierte. Er schob mich hin und her, schubste mich zurück, zog mich wieder in die Mitte des Fotostudios und wieder zurück. Im Rückblick muss ich gestehen: Ich war nicht sehr kooperativ. »Stell dich mal ein bisschen mehr nach links! Die Schultasche mehr nach vorne!«, wies meine Mutter mich an.

Drei große Scheinwerfer schwebten über meinem Kopf. Es wurde unerträglich heiß. Ich schwitzte. Sichtbar. Meine

Nase glänzte, und unter meinen Armen färbte sich mein kanariengelbes T-Shirt dunkel. Hätte ich mich geweigert, es anzuziehen, hätte das drei Tage Nachtischentzug zur Folge gehabt. Familiärer Strafvollzug durch den Entzug köstlicher Leibspeisen.

»Ich habe in zehn Minuten eine Hochzeit zu fotografieren!«, hetzte der Fotograf und puderte den unerwünschten Glanz auf meiner Nase weg. »So. Und jetzt guckst du mal freundlich in die Kamera!«

Nach »freundlich gucken« war mir nicht. Ich wusste nicht einmal, wie das ging. Und hier und jetzt schon gar nicht. Eine Symbiose aus Nichtlächelnkönnen und Nichtlächelnwollen. Wenn ich mal lächelte, oder das tat, was ich dafür hielt, immer erst nach mehrfacher Aufforderung, hatte das erfahrungsgemäß ein »Ach nein, lass nur. Guck einfach wie immer!« zur Folge. Also ließ ich es gleich sein.

»Jens, nun guck doch nicht ganz so ernst!«, bat meine Mutter. Dabei war ich gar nicht ernst. Ich war sauer! Und wenn ich schon nicht wusste, wie man lächelte, wusste ich erst recht nicht, wie man nicht ganz so ernst guckt! Was verlangte sie von mir? Halbernst? Dreiviertelernst?

Endlich stand ich vermeintlich optimal positioniert vor einem grauen Samtvorhang, der als neutraler Hintergrund diente. Viel lieber hätte ich *hinter* diesem Vorhang gestanden. Oder ganz weit weg vom Vorhang, auf einer Eisscholle weit hoch im Norden. Ich fühlte mich überhaupt nicht wohl! Ich wurde »ausgeleuchtet«. Ich wurde arrangiert.

»Nimm den Schulranzen doch lieber auf den Rücken!«, forderte meine Mutter mich auf. »Nein!«, widersprach der Fotograf, der hinter einer Kamera Position bezogen hatte.

»Er soll in die Kamera lachen! Irgendwie! Nur ganz kurz! Und die Schultasche nach vorne!« Er vermittelte Zeitdruck und Ungeduld. Mit einem »Pffft« verschaffte er sich freie Sicht auf das, was er abzulichten plante. Ich fand den Seidenschal ausgesprochen affig.

Hätte der Fotograf jetzt noch den Satz mit dem Geflügel zitiert, das angeblich aus Fotoapparaten durch das Kameraobjektiv hinweg das Weite zu suchen pflegt, hätte ich laut geschrien und es dem Federvieh gleichgetan! Noch nie hatte ich ein Vögelchen aus einem Fotoapparat flattern sehen! Noch nie! Alles Blödsinn!

»Jugend und verlorene Zeit, kommt nicht wieder in Ewigkeit!«, rezitierte der Fotokünstler augen- und ohrenscheinlich genervt und an der Grenze seiner Geduld angelangt. »Meine Güte! Ich muss gleich zu einer Hochzeit!«

Ich hörte auf meine Mutter.

Ich schulterte meinen roten Ferrari-Tornister, den meine Mutter mit alten Postwurfsendungen und Wochenzeitschriften gefüllt hatte. Zum einen aus optischen Gründen, so hatte sie es zu Hause begründet, um die unsägliche rote Schultasche nicht leer aussehen zu lassen, und zum anderen, um mich an das Transportieren lehrreicher Bücher zu gewöhnen.

»Dann nimm sie halt wieder runter«, gab meine Mutter nach. Der Fotograf hatte seinen letzten Satz in der Tat recht ungeduldig klingen lassen. Er hatte ja noch eine Hochzeit. »Und ein bisschen lächeln könnte er!«, fand der Fotograf.

»Mein Sohn lächelt nie«, bat meine Mutter entschuldigend um Verständnis. Und damit hatte sie recht.

Hätte Lächeln oder gar Lachen zu meinem Ausdrucksrepertoire gehört, wären mir beide Fähigkeiten spätestens im Fotostudio des Herrn Moosbacher abhandengekommen. Der gepresste Ferrari stand wieder vor meinen Füßen.

»Stell die Tasche weiter nach vorne, mit der Rückseite nach hinten, und nimm die Hände aus den Taschen«, bat meine Mutter, kaum hatte ich sie darin vergraben. »Guck doch nicht so gelangweilt!«

Nichts an meiner aktuellen Situation vermittelte mir Kurzweil. Deshalb guckte ich vermutlich so teilnahmslos aus der mittlerweile reichlich verschwitzten Wäsche. Ich fand aber auch gar nichts an der Situation im Atelier unterhaltsam. »Ich schwitze!«, verkündete ich. »Und wo soll ich jetzt mit meinen Händen hin?« Ich wusste es wirklich nicht, wie immer. Meine Mutter machte mir auch keinen sachdienlichen Vorschlag. Auch wie immer. »Mach halt was!«

»Ja, was denn?«, trieb ich sie in die Enge. Keine Antwort. Zunächst ließ ich meine Arme untätig von den Schultern baumeln.

So, dachte ich zunächst, kann man eigentlich nichts falsch machen, aber nach einem Blick in den großen Spiegel, der sich an der Wand hinter dem Fotografen befand, sah es so aus, als seien meine Arme durch massive Teilanästhesien außer Kraft gesetzt worden.

Ich suchte nach anderen Möglichkeiten. Vielleicht mal einen Arm nach oben, den anderen lässig nach vorne ... Oder so.

Ein Blitz fuhr durch das Fotoatelier! Das Foto war geschossen.

Wenige Tage später wurde bei uns zu Hause das fünfte Fotoalbum eingeweiht. Mit meinem Einschulungsfoto! Es wurde mit vier Fotoecken auf die erste Seite fixiert.

Ich selbst hatte den Umschlag mit dem Bildnis meiner selbst wenige Tage nach dem Fototermin vom verrückten Fotofragen in Empfang genommen. »Es ist ganz nett geworden«, fand er während der Übergabe. *Nett* geworden! Dem Wort »nett« bringe ich zwar keine Verachtung entgegen, wie beispielsweise den Wörtern »Wonneproppen« oder »Bommel«, aber Misstrauen und Argwohn.

Auf dem Nachhauseweg hatte ich in einer Parkanlage eine Pause eingelegt und das fotografische Werk genauer in Augenschein genommen.

Ich stehe vor einem mausgrauen Vorhang. Meine Augen sind, vom plötzlichen Blitzlicht überrascht, in eine augenärztlich bedenkliche Position verdreht. Mein Mund steht halb offen, meine Zunge baumelt leblos aus dem linken Mundwinkel. Eines ist sicher: Einen Jungen mit einem solchen Gesicht würde man nicht zu einem Test für Hochbegabte zulassen, selbst dann nicht, wenn er die physikalische Unmöglichkeit des Perpetuum mobile widerlegt hätte. Er käme schon nicht am Portier der testenden Einrichtung vorbei. Das widerborstige Haarbüschel hatte sich zu allem Überfluss in dem Moment, als der Fotograf den Auslöser an seiner Kamera drückte, von meinem Schädel gelöst und weist wie ein Kompass-Pfeil den Weg nach Norden.

Mein rechter Arm ragt völlig unmotiviert nach oben, was eine unverbaute Aussicht auf den Schweißfleck in meiner Achsel begünstigt. Den Schweißrand in meiner linken

Achsel, dessen Vorhandensein man schon aus physiologischen Gründen voraussetzen muss, sieht man nicht, da ich mit dem linken Arm eine abwehrende Geste in Richtung Kamera und Fotograf ausführe.

Die ergonomische rote Schultasche, die mich wie von mir gefürchtet und erwartet drei Wochen lang zum Gespött der ersten Schulklasse gemacht hatte, bevor mein Bruder Marc mir seinen von Gebrauchsspuren gezeichneten braunen Schulrucksack schenkte, liegt umgefallen auf der Seite und bedeckt meinen rechten Schuh!

Am rechten Bildrand sieht man die Hand meiner Mutter, die vermutlich noch eine kleine Korrektur an mir vornehmen wollte. Zu spät. Viel zu spät!

Meinem Impuls, dieses belichtete Dokument des Grauens Familienmitgliedern, Freunden der Familie, Nachbarn, Menschen von nah und fern und vielleicht auch meinen eigenen eventuellen Nachkommen durch Zerstörung oder Vorenthaltung unzugänglich zu machen, gab ich letztlich nicht nach. Ich war zu ehrlich. Mit einer eigenen Nachkommenschaft rechne ich übrigens nicht ernsthaft, jedenfalls nicht, solange dieses Foto existiert. Wie hatte Tante Karin gesagt: »So etwas habe ich geheiratet ...?«

Meine Mutter hatte mir das Foto zu Hause aus der Hand genommen. Ich konnte ihrem Gesichtsausdruck entnehmen, dass sie nicht wirklich entzückt von der fotografischen Ablichtung ihres jüngsten Sohnes war. »Ich weiß nicht, was du gegen die Schultasche hast!«, war alles, was ihr zu dem Foto einfiel.

Immerhin wird das Foto dazu beitragen, auch kommenden Zusammenkünften der Familie einen heiteren Aspekt zu verleihen. Wenn die Gesprächsthemen ausgehen und Langeweile droht ...

Marc fand das Bild übrigens auch nicht gut. »Sieht irgendwie unterbelichtet aus«, meinte er. Nach Rückfrage stellte er klar, dass er nicht die technische Ausführung des Fotos meinte, sondern mich. Er erklärte mir, dass »unterbelichtet sein«, bezogen auf Menschen, eine gewisse Begrenzung derer kognitiver Fähigkeiten bedeutet. Aha!

»Ich sagte, es sieht so aus!«, fügte er an, bevor ich mich beschweren konnte.

Wenn nicht ich es wäre, der auf dem Foto zu sehen ist, würde ich mich köstlich amüsieren. Ohne zu lachen. Ohne zu lächeln. Nur für mich. Mehr innerlich ...

Du sagst ...

Du sagst, du sitzt mir gegenüber, aber du erlebst mich meilenweit entfernt von dir. Du sagst, du kannst mich nicht erreichen und du bist dir nicht sicher, ob ich mich erreichen lassen möchte.

Ich weiß es selbst nicht.

Du streckst deine Hand nach mir aus, du berührst mich, aber ich spüre die Hand nicht. Ich kann sie nur sehen. Du versuchst einen Zugang zu mir zu finden, die Sprache zu ergründen, in der ich gerade denke. Deine Versuche schlagen fehl.

Ich bemerke, wie enttäuscht du darüber bist. Du wirfst mir eine Rettungsleine zu, die ich nicht auffangen kann. Das Tauende gleitet durch meine Hände und fällt zu Boden. Und ich spüre auch, wie belastend und erdrückend meine Empfindungslosigkeit für dich ist, aber in Zeiten wie diesen verfüge ich nicht über die Fähigkeit, dir zur Seite zu stehen, mich dir mitzuteilen und Antworten auf deine Fragen zu geben, die ich nicht verstehe. Ich kann keine Vorhersage über die Dauer oder Intensität meiner Abwesenheit machen. Ich stehe noch im ersten Drittel einer Höhle, deren Tiefe ich nicht abzuschätzen wage.

Ich bin abgetaucht. Und das nicht zum ersten Mal. Wir beide kennen das, und ich frage mich, wie oft du das schon ertragen hast und wie oft du es noch ertragen wirst.

Mit großen Steinen werde ich von innen den Höhleneingang verschließen. Ich werde den Zugang zu mir abdichten, der dir ansonsten weit offensteht. Es tut mir leid. Ich muss dich allein lassen. Ausgeschlossen. Es ist besser für dich, wenn du draußen bleibst. Ließe ich dich jetzt in mein kaltes Verlies, du würdest vermutlich entsetzt davonlaufen und möglicherweise nie mehr wiederkommen. Ich werde dich nicht wärmen können. Ich werde dich nicht trösten können. Es wird kalt und finster bei mir sein.

Mein »Ich will nicht mehr« hat sich zu einem »Ich kann nicht mehr« manifestiert. Ich weiß, du meinst es gut. Ich wehre mich gegen den Gedanken: »Meinst du es gut mit mir oder mit dir?« Das ist eine der vielen Fragen, die sich mir aufdrängen und unsere Beziehung zu zerstören versuchen. Ich sollte es besser wissen, denn du bist immer noch bei mir.

Ich sehe, wie verzweifelt du bist, wie sehr du leidest, und es tut mir weh, dich so zu sehen. Und ich bin daran schuld! Ich bin der unglückliche Urheber deiner Betrübtheit. Und ich kann es nicht ändern, so gerne ich es auch ändern würde. Für uns beide. Aber es ist schwer, etwas zu ändern, von dem man nicht weiß, was es ist. Möchtest du mir wirklich auch diesmal Beistand leisten? Egal, wie lange es dauert? Selbst, wenn es für immer sein wird?

Schon oft habe ich mit dem Gedanken gespielt, dich gezielt zu verletzen, dich zu verärgern, einen Streit zu inszenieren, dir einen Grund zu geben, dich von mir zu trennen um ein unbeschwerteres Leben an der Seite eines anderen führen zu können.

Du sagst, du hältst mein Schweigen nicht aus, die Stille erdrückt dich. Bin nicht ich es, der dich erdrückt?

Du sagst, es fällt dir schwer, mir zu glauben, dass mein Rückzug in die Dunkelheit nichts mir dir zu tun hat. Mir fällt es schwer zu glauben, dass du immer noch bei mir bist. Meinetwegen.

Es hat mit mir zu tun und den Gedanken in meinem Kopf, die sich verselbstständigen und sich beharrlich meinem Zugriff entziehen. Meine Gedanken widersetzen sich jedem Argument, jeder positiven Anregung und jedem optimistischen Vorschlag, gleichgültig, ob er von außen oder innen zu mir zu gelangen versucht, ob von mir oder von dir. Meine lichtlosen Ideen vereinen sich und streben in eine Richtung: Sie versammeln sich am Rand eines Abgrunds.

Du sagst, meine Sprachlosigkeit beunruhige dich, und das macht mein Schuldgefühl noch schwerer, das ohnehin schon auf mir lastet. Ich möchte nicht, dass du dir Sorgen machst. Was für ein verrücktes Spiel spielen wir eigentlich?

Ich mache mir Sorgen, weil du dir Sorgen über meine Sorgen um dich machst!

Du sagst, du kannst nicht untätig neben mir sitzen, aber du tust es. Genau das ist es, was du für mich tun kannst. Lass uns das Schweigen gemeinsam aushalten, solange du es erträgst. Damit hilfst du mir, auch wenn du es nicht verstehst.

Ohne es zu ahnen, tust du damit mehr für mich, als ich es auszudrücken vermag, und gleichzeitig wird mir klar, dass ich vermutlich das Gleiche niemals für dich werde tun können. Du bist da. Wir sind da. Ich kann mit niemandem so gut schweigen wie mit dir. Deine Anwesenheit tut mir gut. Ich werde dich nicht wegschicken, dich aber auch nicht am Gehen hindern, wenn du dich meiner Empfindungslosigkeit entziehen möchtest.

Was du nicht wissen sollst: Wenn du wirklich gehst, wird das die letzte Depression sein, die ich erlebe. Aber nicht überlebe. Du könntest aus Mitleid bei mir bleiben. Das wäre für mich schlimmer als alles andere.

Du sagst, du möchtest mir helfen. Aber bitte gib mir keine Ratschläge. Wenn du sagst, »lass uns vor die Tür gehen«, ist es so, als würdest du einem Gelähmten einen Marathonlauf vorschlagen. Ich habe gesunde Beine, aber ich habe keinen Kontakt zu ihnen. Ich bin mutlos, kraftlos, erschöpft und todmüde. Ich kann nicht nach draußen gehen, weder allein noch mit dir. Draußen ist es hell und laut! Und wohin sollte ich gehen? Allein oder mit dir?

Ich kann gegen nichts ankämpfen, denn ich sehe keinen Gegner. Er hat sich mir nie gezeigt. Vermutlich bin ich mein eigener Gegner.

Es hilft mir nicht, wenn du vor dem Eingang der Höhle stehst, in deren hintersten Winkel ich mich wie ein verängstigtes Kind verkriechen werde. Ich habe mich schon auf den Weg dorthin gemacht. Ich kann jetzt nicht mehr zurück. Ich suche Schutz vor einem Unwetter, das sich über mir seit Tagen zusammenbraut. Und je dunkler die Wolken werden, desto tiefer werde ich mich in diese Felsenhöhle verkriechen. Es wird nicht lange dauern, bis ich dort im hintersten Winkel hocke und den Ausgang nicht mehr sehe. Kein Lichtstahl wird mich erreichen. Ich werde den Kontakt zur Außenwelt verlieren. Und auch den Kontakt zu mir. Und auch zu dir.

In meinen Träumen erscheint oft ein altes Schiff, das den Launen einer rauen See ausgeliefert ist. Ich laufe hilflos auf dem Deck hin und her und suche nach dem Anker, obschon ich weiß, dass es auf meinem geträumten Schiff keinen gibt. Hat es einen Sinn, das Heck eines Schiffes zu reparieren, wenn der Bug bereits in der eiskalten See versinkt, während ich selbst auf den letzten trockenen Planken stehe und ganz genau weiß, dass die heranrollenden Wogen auch mich bald verschlingen werden?

Tagsüber lebe ich in einem dunklen Haus, das weder Fenster noch Türen hat. Jede Instandsetzung wurde für mich mühsamer und kaum eine Ausbesserung war langfristig erfolgreich. Ich habe immer wieder versucht, das Haus in mir zu reparieren: Ich habe Sturmschäden behoben, beschädigte Teile erneuert und manches Bauteil ersetzt. Aber ich habe die Ausbesserungsarbeiten immer halbherziger durchgeführt, immer mutloser und resignierter.

Der Wind pfeift durch das Mauerwerk, Ziegelsteine geraten aus den Fugen. Möglicherweise werde ich dieses baufällige Gebäude bald verlassen müssen. Oder ich warte ab, bis es über mir zusammenbricht. Dann bleibt nur noch eine zerfallene Ruine übrig.

Versuche nicht, mir zu beschreiben, wie schön es bei dir da draußen ist. Deine Sätze, mit denen du deine Welt beschreibst, so wie du sie erlebst und in die du mich einladen möchtest, erreichen mich als einzelne Wörter, deren Bedeutung durch eine destruktive Instanz in mir manipuliert wird, bevor sie in mein Bewusstsein gelangen.

Wenn ich versuchen würde, dir meine Welt zu beschreiben, würdest du es auch nicht verstehen. Gib uns die Zeit, uns in unseren eigenen Welten aufzuhalten und irgendwann wieder zueinander zu finden. Gib mir die Zeit! Uns zuliebe.

Ich schaffe es nicht, mich zu überwinden, auch nur einen einzigen Schritt in Richtung Höhlenausgang zu tun. Es gibt draußen zu viel, was mich ängstigt. Es ist sinnlos mir zuzurufen, dass das Gewitter sich längst verzogen hat und dass draußen wieder die Sonne scheint. Zähle mir nicht die Farben des Regenbogens auf, der sich für dich am Himmel zeigt.

Ich habe längst vergessen, wie Farben aussehen. Versuche, einem Blinden die Farbe »Blau« zu beschreiben: Du wirst scheitern und verzweifeln. Und diese Verzweiflung wird sich auf mich übertragen, weil ich die Verantwortung für deine Hoffnungslosigkeit übernehmen und mir die Schuld für deine Resignation geben würde. Ein weiterer schwarzer Punkt auf den Felswänden der Grotte, die ich lebensverneinend aufsuche und in der ich verharren werde, wartend auf etwas, von dem ich nicht weiß, was es sein wird.

Es könnte mir vielleicht helfen, wirklich nur vielleicht und ohne jede Erfolgsgarantie, wenn du auf mich zukommen würdest. Hast du die Kraft, es zu versuchen? Räume die Steine weg, mit denen ich den Höhleneingang versiegelt habe. Aber bereite dich auf Enttäuschungen, Rückschläge und Misserfolge vor. Kündige mir bitte an, wenn du dich auf den Weg zu mir machst. Nimm eine brennende Fackel mit, denn dort, wo ich sein werde, ist es dunkel. Sei nicht überrascht, wenn du an den Felswänden Wörter wie »Verzweiflung«, »Hoffnungslosigkeit« und »Todessehnsucht« liest. Es sind nur Wörter. Ich habe sie auf meinem Weg in die Düsternis mit einem Stein dort eingeritzt.

Geh einfach weiter und signalisiere mir, wie weit du dich mir genähert hast, denn ich werde dich in der Finsternis nicht sehen können. Wir werden uns für eine Zeit aus den Augen verlieren. Wenn ich dich bitte, stehen zu bleiben, respektiere es. Wenn ich den Wunsch an dich richte, die Höhle zu verlassen, dann geh bitte. Lass mich allein.

Solltest du mich erreichen, biete mir deine Hand an. Hab keine Angst, wenn deine Fackel erlischt. Lass dich nicht von der Dunkelheit irritieren und fürchte dich nicht. Ich ertrage sie besser als du, denn sie ist mir vertraut. Sie ist mein zweites Zuhause. In dunkler Umgebung kenne ich mich aus. Nicht die Finsternis ist es, die mich ängstigt, sondern darin unterzugehen oder sie schutzlos verlassen zu müssen.

Nimm mich an deine Hand. Soweit ich kann, werde ich mich dir anvertrauen und mich von dir aus der Höhle geleiten lassen. Ich werde deine Anwesenheit schätzen, auch wenn ich meine Dankbarkeit nicht zeigen kann. Erwarte aber bitte keine angemessene Gegenleistung. Ich werde mich nicht erkenntlich zeigen können.

Lass mich entscheiden, wann wir aufbrechen und wie groß unsere Schritte sein werden, mit denen wir uns dem Ausgang der Höhle nähern. Lass meine Hand nicht los, wenn ich stehen bleiben will oder ich dich gar bitte, mich zurück in meine Ecke zu begleiten. Vermutlich bin ich dann noch nicht bereit, meinen dunklen Zufluchtsort zu verlassen.

Wenn deine Kräfte nachlassen, dann lass meine Hand los und geh den Weg nach draußen allein zurück. Ich werde verstehen, wenn deine Geduld zu Ende geht oder deine Kraft dich verlässt. Du brauchst nicht auf mich zu warten, denn ich erwarte es nicht. Ich erwarte gar nichts. Ich werde demzufolge nicht enttäuscht sein.

Ich kann dir nicht sagen, wie viel Zeit ich diesmal in meinem finsteren Exil verbringen werde. Ich kann dir nicht einmal sagen, ob und in welchem Zustand ich wieder »auftauche«.

Versuche zu verstehen, wenn ich nicht auf Fragen antworte, die ich mir selbst nicht zu stellen wage.

Aber du sagst, du möchtest mir helfen. Danke! Bist du bereit, dich auf den Weg zu mir zu machen? Möglicherweise holst du mich auf meinem langsamen Weg in das Innere der Höhle ein. Bevor du aufbrichst: Binde den Anfang einer Leine an den Baum vor der Höhle und führe sie mit auf deinem Weg zu mir in die Dunkelheit. Es muss ein langes Band sein, denn der Weg wird weit sein. Dieses Band kann uns zum Ausgang der Höhle führen. Oder zumindest dich.

Oder möchtest du draußen vor der Höhle auf mich warten, um mich in Empfang nehmen zu können, wenn ich wiederkomme, wann immer das sein wird? Wirst du noch da sein, wenn ich aus meinem düsteren Gefängnis zu dir komme, dir fremd und unnahbar erscheine?

Wie immer du dich entscheidest:

Bitte hilf mir!

Tromsø

»Noch kälter geht nicht«, bedauerte Daniel in seiner Duschkabine, als er realisierte und akzeptierte, dass er das Wasser nicht kälter einzustellen vermochte, als es die Wasserleitungen in Freiburg in sein kleines Studentenapartment und somit in seine Dusche lieferte. Er hatte den linken Knopf der Armatur, den mit dem blauen Punkt, bis zum Anschlag aufgedreht. Was aber spärlich auf ihn herabregnete, war weder blau noch kalt. Und alles andere als erfrischend. Den rechten Knopf mit dem roten Punkt hätte er eigentlich schon vor drei Wochen im Internet versteigern können, als sich die Hitzewelle im Breisgau angekündigt hatte. Er brauchte ihn nicht, und so wie er sich gegenwärtig fühlte, würde er ihn nie wieder benötigen.

Deutschland schwitzte und stöhnte seit fast einem Monat unter einer epochalen Hitzewelle. Freiburg stöhnte und schwitzte besonders bei rekordverdächtigen 42 Grad Hitze. Es war Freitag, der 13. August 2003.

Daniel jammerte und litt eher zwangsläufig als solidarisch mit. Er stand immer noch unter der Dusche. »Ich halte das nicht mehr lange aus. Diese Temperaturen sind menschenverachtend!« Er streckte zunächst die Arme in die Luft, um das untemperierte Wasser ungehindert über seinen Oberkörper fließen zu lassen – und dann die Waffen. »Was solls?«, fragte er den Duschkopf über sich. »Demnächst wirst du mir gar kein Wasser mehr geben.« Im Lokalradio hatte man schon über eine drohende Wasserknappheit gesprochen.

Daniel kapitulierte vor der meteorologischen Unverschämtheit, der Baden-Württemberg seit Wochen ausgeliefert war. »So stelle ich mir die Hölle vor, nur nicht so heiß!« Und wie so oft während der aktuellen Hitzeperiode bedauerte er zutiefst die verpasste Möglichkeit, sein Kunststudium auch an der Universität in Tromsø in Norwegen aufnehmen zu können, der nachweislich am nördlichsten gelegenen Universität der Welt, jenseits des Polarkreises. Sein Faible für Skandinavien wurde ihm, von wem auch immer, in die Wiege gelegt.

Nun ja, ein Studium in Tromsø wäre schon aus monetären Gründen von Hause aus nicht genehmigt worden, und ein mehrfaches Erwähnen dieser Option innerhalb der Familie löste stets Entsetzen und Ablehnung aus. Nur seine Urgroßmutter Gertrud trug jeweils mit der konstruktiven Frage »wieso denn nicht?« zu den Diskussionen bei. Es half nichts. Sie hatte kein Stimmrecht.

Aber schön wäre es gewesen. Gerade heute! Und mit dem Wissen von heute, diesem subtropischen Freitag im August 2003, hätte er sich vielleicht bei seinen Eltern bei der Entscheidung hinsichtlich des Studienortes durchsetzen können. So aber war die »Wahl« auf Freiburg gefallen. Dabei hatte ihm seine Uroma ein Sprachstudium an einer privaten Sprachschule in Aachen finanziert. Sein dortiger Lehrer, Herr Brendboe, fand zum Abschluss des Studiums seine norwegischen Sprachkenntnisse »sehr beachtlich« und bis auf einige »dialektische Eigenheiten« von denen eines Norwegers kaum mehr zu unterscheiden.

Aber es gab auch schönere Tage in Freiburg, kühlere, erträglichere, an denen Daniel seinen Studienort Stadtteil für

Stadtteil erschloss und seine Wahlheimat mehr und mehr zu mögen begann. Nur die derzeitige Hitze kühlte die Leidenschaft für das Breisgau vorübergehend ab.

Er schäumte sich erneut ein, übrigens zum sechsten Mal an diesem Tag, bei laufender Dusche, mit einem angeblich kühlenden Duschgel namens »Cool Atoll«. Er hörte, wie auf der Straße ein Rettungswagen mit lautem Martinshorn den nächsten »Kreislaufzusammenbruch« zur Behandlung ins Universitätsklinikum Freiburg transportierte. »Wer diese Affenhitze schadlos übersteht, muss krank sein«, kommentierte Daniel diesen sich während der letzten Wochen mehrmals stündlich wiederholenden Vorgang. Tag und Nacht fuhren die Rettungswagen durch die Stadt. Daniel duschte sich den Schaum, der sein »cooles« Werbeversprechen erneut brach, vom Körper. »Dermatologisch getestet« stand auf der karibikblauen Plastikflasche der Flüssigseife, über das Testergebnis stand dort allerdings nichts.

Der letzte Schaumrest verschwand gurgelnd im vergitterten Abflussrohr zu seinen Füßen, ebenso wie es der Säureschutzmantel seiner Haut schon vor Tagen getan hatte, aufgrund exzessiven Duschens, vermutlich gestern bei 37,8 Grad oder schon vorgestern bei 39,5 Grad. Seine Duschkabine war während der letzten zwei Wochen zu seinem Zweitwohnsitz geworden, oder besser: zu seinem Zweitwohnstand, zu seiner Freiburger Sommerresidenz.

»Hallo, Herr Robens, endlich Sommer!« Mit diesen Worten wurde Daniel heute am späten Vormittag dieses nachweislich bislang heißesten Tages seit über 50 Jahren in

Freiburg von seiner Nachbarin, Frau Schaible, begrüßt. Dieser Satz bot für Daniel Raum für Spekulationen, ob längerfristige Temperaturverhältnisse jenseits und außerhalb der eigenen Körpertemperatur Wahrnehmungsstörungen hervorrufen können. Vermutlich taten sie das im Falle Frau Schaible. »Dieser Sommer verdient seinen Namen«, fügte sie lächelnd an und wischte sich mit einem zweckentfremdeten grau-weiß-karierten Geschirrtuch, das sie um ihren Hals trug und mit dem sie während der letzten Tage grundsätzlich im Treppenhaus anzutreffen war, den Schweiß von der Stirn. »Puuuh!« Die beiden Enden des Tuchs waren vom Schweiß nass und dunkel.

Daniel hatte eine Wochenzeitschrift aus seinem Briefkasten gezerrt, während er sagte: »Wenn ich nur nicht so stark transpirieren würde beim Schwitzen!« und seine Nachbarin schweißtriefend und nachdenklich zurückgelassen.

Er stellte das Wasser ab und verließ die Nasszelle, ohne sich abzutrocknen, um sich unverzüglich nackt auf sein Bett fallen zu lassen, wobei er bedauerte, nicht auch noch seine Haut ausziehen zu können. Nein, eine Häutung kam nicht in Betracht. Aber um einer Dehydrierung entgegenzuwirken und zur Aufrechterhaltung seiner Vitalfunktionen, hatte er drei Flaschen Mineralwasser neben seinem Bett aufgereiht. Der Kühlschrank war defekt. Er hatte vor drei Tagen seinen letzten kühlen Atemzug getan.

Das Thermometer in seinem Einzimmer-Apartment mit Dusche in der obersten Etage eines mangelhaft isolierten Patrizierhauses in der Freiburger Altstadt zeigte 45,5 Grad. Er suchte gerade nach einer günstigen Liegeposition, als eine SMS auf seinem Mobiltelefon eintraf: »Mitteilung von Claudia«, stand auf dem Display. Durch einen Klick auf die Taste mit dem kleinen Briefumschlag öffnete sich der Inhalt der schwesterlichen Depesche: »Bei uns in Aachen ist es 36,5 Grad. Frohes Fest. Es weihnachtet sehr. Und zwar morgen Abend! Kommst Du? Gruß C.«

Gestern vor einer Woche war Daniel 22 Jahre alt geworden. Er hatte zunächst vermutet, es sei eine verspätete Geburtstags-SMS eines seiner Kommilitonen gewesen. Aber so war es nicht. Uroma Gertrud war nach Weihnachten zumute und somit, in kausaler Verknüpfung, ebenfalls danach zumute, die komplette Familie Robens erneut vor logistische Herausforderungen zu stellen.

Daniel tippte zurück: »Advent, Advent, ein Lichtlein brennt, in Freiburg, bei über 40 Grad. Ich werde da sein! Gruß D.«

Er schickte das Versprechen auf das Mobiltelefon seiner ein Jahr älteren Schwester Claudia, die immer noch, größtenteils in harmonischer Eintracht, unter dem Dach der Eltern in Aachen wohnte. Auch Uroma Gertrud, die Initiatorin des für den morgigen Tag anberaumten »Heiligen Abends«, wohnte in diesem Haus, und zwar seit Daniel denken konnte. Umi gab es für ihn schon immer. Er nannte sie liebevoll »Umi«, ein Neologismus für seine »Uroma«, dessen Verwendung ausschließlich ihm vorbehalten war. Und er mochte die mittlerweile 81-jährige Frau, die Oma seiner Mutter. Umi residierte seit 22 Jahren in einem geräumigen und behaglich eingerichteten Zimmer mit Balkon und Blick in den Garten auf der ersten Etage des Elternhauses, dort, wo sich auch die Schlafzimmer und das Badezimmer der Familie Robens befanden.

Einmal jährlich »Heilig Abend« schien Uroma Gertrud offensichtlich zu wenig. Mit zunehmendem Alter verdichteten sich ihre Bedürfnisse nach Heiligen Abenden. Ein bizarres Vorgehen, dem Daniel aber durchaus unterhaltsame Aspekte abzugewinnen vermochte. Seit elf Jahren gab es immer wieder unverhoffte Heilige Abende im Hause der Familie Robens. Die letzte Bescherung hatte es erst Mitte März dieses Jahres gegeben. Im Gegenzug dazu war Umi dem kalendarischen Heiligen Abend des Vorjahres ferngeblieben. »Nein. Nach Weihnachten ist mir nicht«, hatte sie kategorisch gesagt und sich nicht im weihnachtlich hergerichteten Wohnzimmer der Familie Robens blicken lassen.

Uroma Gertrud war keinesfalls »verrückt«. Ihre Erinnerungen an Ereignisse der Vergangenheit wurden zwar zunehmend lückenhafter und undeutlicher, aber längst nicht unbrauchbar. Die meisten Daten konnte sie nach einer gewissen Zeit des Überlegens abrufen. Sie war orientiert, was ihre Person betraf, und auch örtlich und situativ war sie nahezu bewusstseinsklar. Selbst ihre zeitliche Orientierung wies keine erheblichen Mängel auf. Es gab durchaus kognitive Fehlleistungen, denen aber auch erheblich jüngere Menschen zuweilen unterliegen. Nur: Uroma Gertrud war »schrullig, kauzig und verschroben«. Eigenschaften, die Daniel an seiner Umi liebte, eine Einschätzung ihrer psychischen Leistungsfähigkeit aber erschwerte, zumal Uroma Gertrud nach Aussage ihrer Enkelin Katrin »schon immer so war«.

Dennoch hatte man Umi vor einigen Jahren zum Besuch des Hausarztes der Familie Robens überredet. Der Arzt wurde vorab von Enkelin Katrin instruiert, sich Umi doch einmal »anzusehen«, was dieser auch tat. Er führte ein Gespräch mit der Urgroßmutter und ließ sie Fragebögen ausfüllen. »Wenn überhaupt«, resümierte der Untersucher gegenüber Katrin hinter vorgehaltener Hand, »könnte es irgendwann einen fließenden Übergang geben.« In welche Richtung, ließ der Arzt offen, woraufhin Umi, deren Gehör überdurchschnittlich gut funktionierte, den Entschluss fasste, nie wieder eine Arztpraxis aufzusuchen. »Lassen Sie ihr ihren Willen, und machen Sie sich keine Sorgen.«

Man ließ ihr ihren Willen. Man akzeptierte die saisonal verschobenen Heiligen Abende, die manchmal zu »eiligen Abenden« mutierten und mehr als unpassend stattfanden. Und immer erschien sie zum »Heiligen Abend« in ihrem königsblauen Lieblingskleid, schwarzen Lackschuhen und mit umgehängter schwarzer Handtasche.

Man hatte sich darauf eingelassen. Ein Spiel, dessen war sich Daniel sicher, war es für Uroma Gertrud sicher nicht, aber die ganze Familie »spielte« mit. Niemand widersetzte sich, niemand weigerte sich. Und nicht einmal hat man die Urgroßmutter nach dem Sinn ihrer persönlichen Heiligen Abende befragt. Möglicherweise aus Angst vor der Antwort.

»Lassen Sie ihr ihren Willen«, hatte der Arzt gesagt.

Im Keller stand ein großer Karton, in dem ein kleiner künstlicher Tannenbaum zusammengeklappt darauf wartete, sich entfalten zu dürfen und einen von Umi terminierten

Heiligen Abend zu begrünen. Eine kleine bunte Lichterkette, winzige silberne Weihnachtskugeln und eine CD mit Weihnachtsliedern, gesungen von den Wiener Sängerknaben, gab es auch darin. So war man in der Familie bestens darauf vorbereitet, jederzeit und jahreszeitlich völlig unabhängig eine weihnachtliche Atmosphäre im Robens'schen Wohnzimmer zu schaffen. Notfalls auch in weniger als einer Stunde, denn meist setzte Umi »ihre« Heiligen Abende morgens nach dem Frühstück für den Abend des gleichen Tages, spätestens aber für den Abend des darauffolgenden Tages an und erwartete dessen organisatorische Umsetzung. Was auch bisher immer gelang.

Wie gut, dass es diesen Karton gab. Im Juli in Sandalen und Kurzarmhemd durch die Aachener Innenstadt laufen, um Lametta zu besorgen, oder im »goldenen« Oktober in sämtlichen Warenhäusern nach einer Christbaumspitze zu suchen, ist nicht jedermanns Sache und hätte zudem erhebliches Befremden in den einschlägigen Geschäften ausgelöst, und dies nicht unberechtigt.

Uroma Gertrud hatte die Familie Robens fest im Griff. Ihre körperliche Befindlichkeit war nicht einmal altersentsprechend, eher besser, nur ihre Beine gehorchten ihr nicht mehr widerspruchslos. Sie verließ das Haus deshalb nur noch selten. Es wurde für sie immer beschwerlicher. Nicht nur ihrer motorischen Beeinträchtigung wegen, sondern weil sie alles um sich herum bestens organisiert hatte, oder auch, weil sich alles um sie herum bestens organisiert hatte.

Zu Feiertagen ließ sie sich von ihrer Enkelin zum Friedhof fahren. »Ich muss Wilhelm und Marlene gießen.« Sie besuchte die Grabstätte ihres Mannes Wilhelm, den sie vor 22 Jahren der Erde übergeben musste, und das Grab ihrer Tochter Marlene, die zwei Monate nach dem Tod ihres Vaters bei einem Autounfall ums Leben kam. So verlor Katrin ihre Mutter schon im Alter von zwölf Jahren und wuchs fortan bei ihrer Großmutter auf, bis sie ihren Mann Michael kennenlernte. Im August 1981 wurde Daniel geboren.

Nur wenige Wochen nach diesem Ereignis war Umi in das Haus ihrer Enkelin Katrin und deren Mann Michael gezogen. Sie schloss den Säugling Daniel in ihr Herz und sich dem Familienleben im Hause Robens fast nahtlos an. Zu der seinerzeit einjährigen Claudia hielt sie eine unerklärliche Distanz aufrecht.

Einmal im Monat ließ sich Umi von ihrer Enkelin zum Frisör chauffieren. Das war ihr überaus wichtig. Und tatsächlich bot Umi das Bild einer archetypischen Uroma. Eine feingliedrige schlanke Dame, immer korrekt gekleidet, auch wenn sie ihr Zimmer nicht verließ, das silbergraue Haar sorgsam gekämmt, das freundliche Gesicht mit einer leichten Tagescreme gepflegt. Stets umgab sie der Duft eines Eau de Colognes.

Im Übrigen hatte sie alle versorgenden und organisatorischen Aufgaben ihrer Enkelin Katrin, also Daniels Mutter, übertragen. Aber auch Daniels Vater Michael und Schwester Claudia waren letztlich fest in Umis Rundrum-Versorgung eingebunden, wobei die räumliche Nähe aller Beteiligten für Umi von unschätzbarem Vorteil war. Ihr stand ein Wäscheservice zur Verfügung (Katrins Waschmaschine), ein Restaurant in unmittelbarer Nähe (Katrins

Küche), und ein gut funktionierender Zimmerservice (Katrin, Michael, Claudia und bis vor kurzem Daniel). Wäre Daniel jetzt nicht in Freiburg, also der aktuell heißesten Stadt Mitteleuropas, wäre auch er in die familiären Vorbereitungen zum Heiligen Abend am morgigen Tag, dem 14. August 2003, involviert gewesen. Aber er befand sich in »Rufbereitschaft«.

Nach einer unruhigen und durchschwitzten Nacht, während der sich die Außentemperaturen kaum senkten, fand sich Daniel am nächsten Morgen schon um 6:30 Uhr in der verhältnismäßig kühlen Eingangshalle des Freiburger Hauptbahnhofs ein. Er löste am Schalter bei einer missmutig dreinblickenden Bahnmitarbeiterin einen Fahrschein nach Aachen und stieg um 6:45 Uhr in den Intercity-Express, der ihn zur ersten Umsteigestation nach Mannheim bringen sollte. Pünktlich um 6:52 Uhr fuhr der Zug ab.

Nur fünf Personen befanden sich in dem Großraumabteil, in dem Daniel es sich auf einem Fensterplatz bequem machte. Auf dem Nebensitz lag sein Rucksack, in dem er aber so gut wie nichts mitführte. Nur zwei Taschenbücher und seinen MP3-Player. Er hatte vor, gleich einen Tag nach dem »Heiligen Abend«, also am ersten Weihnachtstag sozusagen, am Sonntag, den 15. August, wieder zurück nach Freiburg zu fahren.

Im Zug rauschte die Klimaanlage. Daniel genoss die Kühle, die in Fensternähe sogar in Kälte umschlug. Ein Mann mittleren Alters zwängte sich mit schweißnassen schwarzen Haaren und zwei großen grauen Reisetaschen durch den Gang des Zuges. »Das ist ja herrlich hier!«, rief er stolpernd, als er an Daniels Sitzplatz vorbeikam.

»Ja«, pflichtete Daniel dem Mann aufrichtig bei. »Am liebsten würde ich bis Ende Oktober hier sitzen bleiben und ständig zwischen Freiburg und Mannheim pendeln.«

»Gute Idee!«, fand der Fahrgast und zerrte seine Gepäckstücke weiter durch den Gang nach vorne, seinen Fahrschein jetzt zwischen den Lippen aufbewahrend. »Hier ift ja fon Fitf 45!«

Der Zug hatte seine Reisegeschwindigkeit erreicht. Tatsächlich wurde es Daniel jetzt in seiner knielangen Hose, dem dünnen Shirt mit der aufgedruckten norwegischen Flagge und den Sandalen etwas kühl. Er bedeckte die Oberschenkel mit seinem Rucksack und sah zu, wie das Breisgau an seinem Fenster vorüberzog.

Zu Hause würde seine Mutter jetzt den Teig für die Vanillekipferl vorbereiten. Alles würde planmäßig vonstattengehen. Geschenke sollte es heute Abend nicht geben. Oder anders: Es würde zwar Geschenke geben, aber es sollten die gleichen sein, die seit elf Jahren ihre Besitzer wechselten. Es waren die seit elf Jahren in weihnachtliches Geschenkpapier gehüllten Päckchen und Pakete, leere Kartons verschiedener Größen ohne Inhalte, die nie geöffnet wurden. Daniel hatte sie im Alter von elf Jahren zusammen mit seiner Mutter liebevoll verpackt und sie nach der ersten außerplanmäßigen Bescherung, irgendwann im September oder Oktober des Jahres 1992, als alle ahnten, dass diesem außergewöhnlichen Heiligen Abende weitere folgen könnten, »Umis Weihnachtsfundus« im Keller zugefügt.

Aber auf die obligatorischen Vanillekipferl bestand Umi, obschon sie als Diabetikerin keine Plätzchen essen durfte, beziehungsweise sollte. Aber genau diese deutsch-österreichisch-böhmische Weihnachtsspezialität musste es sein, die sie nicht essen durfte oder sollte. Dennoch: Der herrliche Duft der backenden Kipferl gehörte für Umi verbindlich zum Fest. Vermutlich stieg er genau jetzt, als Daniel sich fröstelnd in seinen Sitz schmiegte und seinen Rucksack an sich drückte, von der mütterlichen Küche in Umis Zimmer. Dort sollte auch schon Umis blaues Lieblingskleid, natürlich von Daniels Mutter frisch aufgebügelt, am Kleiderschrank hängen. Auch die schwarzen Lackschuhe dürften längst bereitstehen und die Handtasche lag sicher auch schon parat.

Daniel dachte darüber nach, dass noch niemand in der Familie Umi gefragt hatte, warum sie diese spontanen und sich häufenden Heiligen Abende seit elf Jahren inszeniert haben wollte.

Glaubte sie tatsächlich, dass beispielsweise an einem 15. Mai plötzlich für alle Familienmitglieder – oder gar auch für die gesamte Christenheit – verbindlich ein außerplanmäßiger Heiliger Abend stattfände? Weil sie es so wünschte? Warum folgte ihrer unvorsehbaren plötzlichen morgendlichen Eingebung die prompte Realisierung des Festes am Abend? Niemand hatte jemals Umis »weihnachtliche« Entschlüsse und Entscheidungen infrage gestellt. Wie gesagt: Umi war keinesfalls verrückt oder verwirrt, eine Tatsache, welche die partielle »Heilig-Abend-Verrücktheit«

für alle Familienmitglieder aber umso unerklärlicher machte. Sie schien zu wissen, warum sie dieses Ritual vollzog. Nur der verunsicherte Rest der Familie nicht.

Daniel zog seinen Fahrschein aus der rechten Hosentasche und zeigte ihn dem Zugschaffner. Der Kontrolleur gab sich zufrieden und zog weiter. Der Mann mit den beiden Reisetaschen »saf auf dem riftigen Plapf, aber im falfen Fagon«. Daniel fasste soeben den Entschluss, heute Abend hinter Umis Geheimnis kommen zu wollen.

Er rief sich viele schöne Momente in Erinnerung, die er mit seiner Urgroßmutter bisher erlebt hatte. Und es waren derer viele, denn schließlich wurde seine Kindheit, und damit auch sein Leben, nicht unwesentlich von Umi begleitet, und, wie er sich eingestand, auch beeinflusst. Umi war immer für ihn erreichbar und ansprechbar. Umi war immer »oben«.

Uroma Gertrud war eine unterhaltsame Gesprächspartnerin, stets über das Geschehen in der Familie und auch in der Nachbarschaft, der Stadt und der Welt auf dem Laufenden. Zudem war sie mit einem erfrischenden Humor gesegnet, der mitunter auch augenzwinkernd bösartig werden konnte. »Jede Bosheit kommt von Herzen!«, pflegte sie zu sagen. Und nicht nur einmal hatte Daniel den pragmatischen und lebensklugen Rat seiner Umi gesucht – und stets gefunden. In ihrem Zimmer. »Oben«. Dort, wo sie nahezu immer anzutreffen war, in dicken Büchern lesend, in abonnierten Zeitungen blätternd oder im Fernseher Nachrichtensendungen folgend.

Und während Daniel in Rückblicken und Erinnerungen stöberte, döste er, begleitet vom monotonen Geräusch des Zuges auf den Gleisen, lächelnd ein.

Kurz vor Mannheim wurde Daniel um 8:20 Uhr von seinem Handy in die Realität gepiepst.

Nachricht von Claudia: »Wo steckst du gerade? Die Vanillekipferl sind schon fertig. C.«

Daniel tippte zurück: »Kurz vor Mannheim. Muss gleich umsteigen. Ich brauche eine lange Hose. Für heute Abend. Guck mal, ob noch eine in meinem Schrank ist. D.«

Vor einiger Zeit, an einem heißen Sommertag im Juli, war er in kurzer Hose zum »Heiligen Abend« erschienen, was seine Umi mit den Worten »Wir sind hier nicht auf einem Campingplatz!« kommentiert hatte.

Der Zug verlangsamte sein Tempo. »In wenigen Minuten erreichen wir Mannheim Hauptbahnhof«, krächzte eine Stimme aus dem Lautsprecher über Daniel. »Mannheim Hauptbahnhof! Sie haben Anschluss an den ...«

Daniel hörte nicht zu. Er wusste, was er zu tun hatte. Er hatte sich von der »freundlichen« Dame am Freiburger Bahnschalter die Bahnverbindungen ausdrucken lassen und wusste, dass er zum Gleis 7 gehen musste, um den Anschlusszug zu erreichen. Um 8:35 Uhr würde er dort abfahren. Ziel: Köln Hauptbahnhof. Für diese Aktion hatte er reichliche 13 Minuten Zeit.

Er verließ den Zug. »Man vermisst erst etwas, wenn man es nicht mehr hat«, sagte sich Daniel. Das war eine der vielen sachlichen Lebensweisheiten, die Umi ihm mit auf seinen Lebensweg gegeben hatte. Er meinte den klimatisierten Zug. Natürlich war es in Mannheim nicht deutlich kühler als in Freiburg. Und er hatte es auch nicht ernsthaft erwartet – nur gehofft.

Eben noch, zu Hause in seiner stickigen Studentenbude, kurz nach seiner morgendlichen Dusche und noch kürzer vor seiner Abreise, hatte Daniel mit seinem Laptop ermittelt, dass in Tromsø für diesen 14. August 2003 eine Tageshöchsttemperatur von 21 Grad erwartet würde.

»Ihr habt es gut am 70. Breitengrad!«, rief er der dortigen Bevölkerung virtuell zu und entschied sich spontan, sein Norwegen-Shirt anzuziehen. Der Schriftzug »NORGE« war darauf aufgestickt und die norwegische Flagge wehte im kühlen Wind.

In der Empfangshalle des Mannheimer Hauptbahnhofes war es an diesem Samstag ruhig. Bis auf eine Reisende mit zwei gewaltigen Koffern und einer großen Reisetasche, die sich lautstark ereiferte: »Ich komme gerade vom Gleis 14 runter. Mein Zug sollte in zwei Minuten eintreffen! Und dann kommt die Durchsage: ›Der Zug Mannheim-Basel, planmäßig 8:25 Uhr von Gleis 14, fährt heute außerplanmäßig von Gleis 2 ab!‹ Wie sollte ich das denn schaffen?« Die große Bahnhofsuhr zeigte 8:31 Uhr. Zu spät für die Frau, aber noch reichlich Zeit für Daniel.

Er konnte nicht ausmachen, an wen die Frau ihren Unmut richtete, und vermochte ihr auch keinen konstruktiven Rat zu geben. In einem Radius von 30 Metern befand sich kein weiterer Ansprechpartner für die Frau und Daniel fühlte sich nicht angesprochen. Er schulterte seinen Rucksack und stieg die Treppen zum Gleis 7 hoch. Dort traf die

Antwort-SMS seiner Schwester ein: »Lange Hose ist da. Bist du etwa ohne Hose unterwegs? Deine Umi ist merkwürdig heute! C.«

Postwendend antwortete Daniel: »Habe kurze Hose an. Heiligabend in kurzer Hose ist blöd! Bin um kurz nach 11 Uhr in Aachen. Was ist denn mit Umi? D.«

Claudias Formulierung, »deine Umi«, bewies, dass ihr die innige Beziehung zwischen Daniel und seiner Umi nicht verborgen geblieben war. Er war Umis Lieblingsurenkel. Zwei Seelen, die eine zwar älter als die andere, aber eng verbunden.

Der Zug Richtung Köln fuhr planmäßig ab. Daniel machte es sich auf einem Fensterplatz gemütlich und überbrückte die 90-minütige Reisezeit mit geschlossenen Augen und Händels Orgelkonzert Opus 7 Nr. 1 und Nr. 2 und Antonio Vivaldis »Vier Jahreszeiten«. Obschon er seinen MP3-Player laut eingestellt hatte, hörte er das Rattern des Zuges. Eine Klimaanlage gab es in diesem Zug leider nicht. Es war unerträglich heiß. »Tromsø, das Tor zum Eismeer«, murmelte er wehmütig.

Pünktlich um 10:05 Uhr, begleitet von Vivaldis »Sommer« fuhr der Zug in den Hauptbahnhof Köln ein. Oder besser: Er begann einzufahren. Daniel fragte sich, warum der Zug das so langsam tat. Aber endlich kam der Zug mit kreischenden Rädern zum Stehen.

Die letzte Etappe seiner Reise stand bevor. Der Zug nach Aachen sollte zehn Minuten später vom benachbarten Gleis abfahren. In 45 Minuten würde er in Aachen ankommen. Er stand am Gleis 3 und ließ sich von Vivaldi unterhalten.

Das Kammerorchester spielte sich dem Ende des »Sommers« entgegen. »Schön wäre es«, brummte Daniel. Neben ihm stand ein Bahnbediensteter. An seiner blauen Uniform war ein Namensschild befestigt: »Markus Frosch – Bahnaufsicht«. Er trug tatsächlich bei aktuell gefühlten 35 Grad Anzug und Krawatte.

Der Name »Frosch« in Verbindung mit den gegenwärtigen meteorologischen Verhältnissen, rief bei Daniel eine Erinnerung ab. Seine »Umi« wusste, dass Daniel hochsommerlichen Temperaturen keinen Wohlfühleffekt zuweisen konnte.

Nein. Daniel mochte den Sommer nicht. Er hasste ihn. Eine unverhohlene Abneigung, die er mit seiner Umi uneingeschränkt teilte. Als er vor zwei oder drei Jahren, im drei Sommer 2000 oder 2001 in ihrem Zimmer saß, hatte er ihr zur »Abkühlung« seinen Traum von einem Kunststudium an der Universität Tromsø im hohen Norden erzählt. »Trömsø ist eine Kleinstadt in Norwegen, ganz im Norden, Umi. Sie liegt auf einer Insel namens Tromsøya, die durch einen Tunnel und eine Brücke mit dem Festland verbunden ist. Im Sommer wird es dort nie wärmer als 20 Grad, im Winter so gut wie nie kälter als 10 Grad minus!« Sein Ausflug in seine Wunschwelt endete mit dem Satz: »Da würde ich gerne studieren!«

Umi hatte derweil an dem Knopf ihres Ventilators gedreht und gefragt: »Warum machst du es nicht? Jetzt ist der Ventilator ganz kaputt!«

Daniel kommentierte die Bemühungen seiner Umi an der Regelung des defekten Ventilators mit den Worten: »Das ist er doch schon seit Jahren!« Er fügte seinem offenbarten

Wunschtraum noch bedauernd an: »Ich werde wohl irgendwo in Deutschland studieren.«

Umi hatte sich mit einer Wochenzeitschrift Luft zugefächelt, als sie Daniel das Gleichnis erzählte, an das er sich jetzt am Bahngleis 2 des Kölner Hauptbahnhofes, neben Herrn Frosch stehend, erinnerte:

»Ein Frosch, den man aus kaltem Wasser hob und in 50 Grad warmes Wasser setzte, beschwerte sich, weil ihm das Wasser zu heiß war. Man nahm ihn daraufhin aus dem warmen Wasser heraus, setzte ihn für 5 Minuten zurück in das kalte Wasser und dann in 40 Grad warmes Wasser. Er quakte erneut, da er das 40 Grad warme Wasser gleich heißt empfand wie das 50 Grad warme Wasser.«

»Es ist unerträglich«, hatte ihr Daniel gestanden und auf Bestätigung und Unterstützung seiner offensichtlich ebenfalls unter der Sommerhitze leidenden Umi gehofft. Aber Umi sagte nur: »Nein, Daniel. Es ist nicht unerträglich. Wir ertragen es doch gerade. Wir beide! Ich werde dich vermissen, wenn du in Norwegen bist.«

»Nein, Umi, ich werde nicht in Norwegen studieren!«, war sich Daniel sicher.

Und in der Tat: Die temporäre Abkühlung im Intercity Freiburg-Mannheim ließ ihn die 42 Grad in Freiburg gleich unangenehm erleben wie die gegenwärtigen 33 Grad in Köln.

Mit Vivaldis »Herbst« im Ohr stieg Daniel in den gleichfalls unklimatisierten Zug nach Aachen.

Auch in diesem Zug war die Zahl der Passagiere überschaubar. Wer begab sich schon bei diesem Wetter freiwillig auf Reisen? Die 45- minütige Reisezeit verbrachte Daniel mit dem Studium einer aktuellen Tageszeitung, die er auf dem Nebensitz vorfand. Als das Kammerorchester den »Winter« beendete, nahm Daniel seine Kopfhörer aus den Ohren, verstaute den MP3-Player in seinem Rucksack und las ohne weitere musikalische Begleitung einen Bericht über den niederländischen Künstler und Grafiker M.C. Escher.

Fahrplanmäßig erreichte der Zug um kurz nach 11 Uhr Aachen. Daniel gönnte sich ein klimatisiertes Taxi vom Aachener Hauptbahnhof nach Hause.

Was Daniel im Wohnzimmer seines Elternhauses vorfand, hatte er nicht erwartet. Er ließ seinen Rucksack zu Boden fallen und versuchte zu definieren, was an diesem Heiligen Abend, beziehungsweise an diesem heiligen Mittag, anders war. Die Atmosphäre verunsicherte ihn. Es roch nach Vanillekipferl. Das war nicht ungewöhnlich. Zumindest nicht im Hause Robens an einem 14. August.

Daniels Schwester Claudia saß auf einem Sessel neben dem schon mit Lichterkette und Weihnachtskugeln präparierten PVC-Tannenbaum. »Daniel ...«, begann Claudia und erhob sich, um ihren Bruder fest in die Arme zu nehmen. Eine Form der Begrüßung, deren Intensität und Verbindlichkeit bislang nicht zum Begrüßungsritual seiner Schwester gehörten. »Uroma ...«, flüsterte sie leise. Mehr nicht.

Daniels Mutter saß auf dem Sofa und griff nach der Hand ihres Mannes, der mit versteinerter Miene neben ihr saß: »Als deine Umi heute Morgen zum Frühstück herunterkam, fragte sie uns, ob wir verrückt seien, warum Vanillekipferl im Backofen wären und wieso Claudia Kartoffelsalat mache. Und was der Tannenbaum im Wohnzimmer soll. Es sei doch kein Weihnachten. ›Weihnachten im August!‹, hat sie gerufen und ist in ihr Zimmer gegangen. Dort ist sie immer noch, und sie möchte keinen von uns sehen. Nur dich. Sobald du aus Norwegen zurück bist! Ich fürchte, sie ist verwirrt!«

Daniel stieg die Treppe zu Umis Zimmer hoch. Es war ein schwerer Gang, denn er ahnte, dass etwas passiert sein musste, eine Änderung, eine Umkehr, eine Wendung, über deren Art Daniel zu diesem Zeitpunkt noch nichts ahnen konnte. Er klopfte an Umis Tür. »Ich bin's. Daniel.«

»Herein, mein Junge«, kam es leise aus dem Inneren des Zimmers.

Umi saß im Morgenmantel in ihrem Fernsehsessel. Schon das war außergewöhnlich. In der Regel erschien sie spätestens um 8:30 Uhr fertig angezogen zum Frühstück in der Küche. »Wie ist es in Tromsø?«, fragte Umi und lächelte ihrem Urenkel für eine Sekunde verhalten zu. »Sicher nicht so heiß wie bei uns! Das mögen wir beide ja überhaupt nicht. Wann musst du wieder nach Norwegen zurück?«

»Umi ...?«, begann Daniel verunsichert. »Was ist los mit dir? Ich komme gerade aus Freiburg! Heute ist doch Heilig Abend.« Er ging vor seiner Umi in die Hocke, nahm ihre Hände in seine und schaute seiner Urgroßmutter ins Gesicht. Ein vertrautes Gesicht, das er aber so ängstlich und ernst nicht kannte. Umi kam ihm merkwürdig fremd vor.

»Ja. Ich weiß«, antwortete Umi leise. Ihre blauen Augen füllten sich mit Tränen. »Heilig Abend! Wie oft habe ich das schon gemacht? Wie oft habt ihr mich das machen lassen? Und du kommst extra deswegen aus Norwegen! Ich bin eine verrückte alte Frau und werde immer verrückter. Du wirst schon sehen!«

Daniel war sich unsicher, wie er reagieren sollte. Umi befreite ihre Hände aus den Händen ihres Urenkels und nahm stattdessen Daniels Hände in ihre. Daniel sah, dass sie ihren Trauring wieder trug. »Daniel«, begann Umi leise und wischte sich mit einem Taschentuch die Augen trocken.

»Wir müssen Abschied nehmen. Wenn du mir noch etwas Wichtiges sagen möchtest, solltest du es bald tun!«

»Abschied nehmen ...?«, fragte Daniel. Er ahnte, was Umi meinte.

»Ich verliere den Verstand, Daniel. Die Demenz hat bei mir angeklopft. Es sind keine kleinen Vergesslichkeiten oder Verwechslungen mehr, die mir passieren. Ihr könnt mir nichts mehr vormachen oder mich beruhigen. Und auch ich werde euch nichts mehr vormachen! Es ist zu anstrengend. Ich spüre, dass ich den Kontakt zur Realität verliere. Und davor habe ich Angst. Ich glaube, es liegt ein steiniger Weg vor mir. Ich werde auch den Kontakt zu dir verlieren, Daniel. Du bist ein guter Junge. Das meinte ich, als ich sagte, wir müssen Abschied nehmen. Leicht fällt es mir nicht.«

»Umi ...«, begann Daniel. Aber es fiel ihm nichts ein, was er hätte sagen können. Er ließ seinen Tränen freien Lauf.

»Es ist an der Zeit«, sagte Umi, »ich bin alt. Ich habe mein Leben gelebt. Ich habe meine Gedanken gedacht und meine Geschichten erzählt. Ich bin müde. Mein Gehirn verabschiedet sich schon!« Umi gab sich Mühe, ihre Sätze harmlos klingen zu lassen und sie obendrein spaßig zu verkleiden. »Daniel! Vielleicht erkenne ich dich morgen schon nicht mehr! Du bist doch Daniel. Oder?« Umi lachte bitter. Ihr Humorzentrum arbeitete noch wie eh und je. »Hör auf zu weinen, Daniel!«

»Umi ...«, versuchte Daniel zu unterbrechen.

»Daniel, der Weg in das Land des Vergessens wird schwierig. Für mich, aber auch für euch. Aber wenn ich dort angekommen bin, werde ich zur Ruhe gekommen sein. Weißt du, ich bin fast ein wenig neugierig darauf, wie es dort sein wird. Es konnte ja noch niemand darüber berichten, wie es dort ist!«

Umi verzog den Mund zu einem leichten Grinsen. »Ich werde dir eine Ansichtskarte schicken.«

»Ich will das nicht«, sagte Daniel leise. »Was kann ich für dich tun?«

»Mach einen guten Abschluss an der Universität in Norwegen. Das wünsche ich mir! Und damit du keinen heißen Sommer mehr erleben musst, bleibst du am besten gleich dort! Eröffne die Buchhandlung, so wie du es immer machen wolltest. Werde Norweger! Das ist doch dein Traum. Erfülle ihn dir! Ein schönes T-Shirt hast du an, mein Junge. Du wirst noch viele Wünsche, Pläne und Träume in deinem Leben haben. Die meisten werden sich nicht erfüllen oder erfüllen lassen, aber die, die du dir selbst erfüllen kannst, solltest du dir erfüllen. Hast du schon eine Freundin in Norwegen gefunden? Na? Ich glaube, ja!«

»Umi ...?« Ein Wort, zu dem Daniel keine Folgewörter einfielen. Er stand auf und nahm das Gesicht seiner Urgroßmutter in die Hände. »Ich fahre morgen wieder nach

Tromsø zurück«, log er, um seine Umi nicht noch weiter zu verunsichern. Hierfür hasste er sich augenblicklich.

»Dort ist es aktuell sehr angenehm!« Nein, er wollte seine Umi nicht korrigieren und verwirren. Er ließ Umis Kopf los und steckte seine Hände in die Hosentaschen. Trotz der drückenden Hitze im Zimmer fröstelte er. In seiner rechten Hosentasche entdeckte er seinen Fahrschein Freiburg-Aachen-Freiburg. »Heute ist es zum Beispiel 21 Grad in Tromsø.« Wie gut, dass er wenigstens jetzt nicht lügen müsste.

»Lass mich jetzt alleine«, bat Umi. »Ich komme später zu euch ins Wohnzimmer. Hoffentlich ist dort nichts Weihnachtliches mehr zu sehen. Wie oft habe ich eigentlich mit euch Weihnachten gefeiert?«

Daniel wusste es nicht.

Umi wandte sich von ihrem Urenkel ab und blicke aus dem Fenster. »Am Heiligen Abend 1943 hat mir dein Urgroßvater den Heiratsantrag gemacht. In einem Kino. Wir sahen ›Im Schatten des Zweifels‹ von Alfred Hitchcock. Ich trug dieses schöne blaue Kleid. Es passt mir heute noch. Dein Uropa war ein stattlicher Mann, der immer ...« Unvermittelt brach sie den Satz ab und drehte sich wieder zu ihrem Urenkel: »Wir müssen ja noch einiges besprechen. Den anderen habe ich noch gar nichts gesagt. Ich möchte in ein Heim ziehen. Sankt Raphael.« Umi hatte sich also schon informiert.

Daniel ließ seine Umi alleine und ging in sein Zimmer. Er legte sich auf sein Bett und weinte, lachte, dachte nach. Ereignisse und Erlebnisse mit Umi aus der Vergangenheit zogen an ihm vorüber. Es waren Bilder, Kurzfilme und kleine Hörspiele. Die meisten waren lustig, tröstend und angenehm, im Gegensatz zu den Sorgen, die sich ihm jetzt im Zusammenhang mit Umis Zukunft aufdrängten und nicht verdrängen ließen.

Um 19 Uhr fand sich die Familie Robens im Wohnzimmer ein. Der Tannenbaum war eingepackt, vermutlich für immer, die präparierten Geschenkpäckchen waren weggeräumt, keine Vanillekipferl standen auf dem Tisch, kein Kartoffelsalat. Es sah nichts nach einem »Heiligen Abend« aus. Die Stimmung war gedrückt, jeder war in seine eigenen Gedanken versunken. Es war niemandem in der Familie verborgen geblieben, dass sich Umi veränderte, und das in einem beängstigenden Tempo, aber jeder ließ die Realität anders an sich heran, je nachdem, wie die Abwehrmechanismen griffen. Auch Daniel hatte viele Anzeichen »übersehen« und verleugnet.

Kurz nach 7 Uhr erschien Umi, in ihrem blauen Lieblingskleid, den schwarzen Lackschuhen und mit ihrer Handtasche im Arm. Sie nahm auf dem letzten freien Sessel Platz und berichtete so sachlich wie möglich über ihre Entscheidung, ihren Lebensabend in einer betreuten Einrichtung verbringen zu wollen.

Es war ein sachliches Gespräch, eher eine Sachstandsmeldung, die Umi verlauten ließ. Ihre Ansprache dauerte gerade einmal fünf Minuten. Es gab keine Zwischenfragen, keine Einwände, keine Gegenvorschläge. Und vermutlich hätte Umi auch keine zugelassen. Sie nahm einen Hausprospekt vom »Sankt Raphael« aus ihrer Handtasche und übergab ihn ihrer Enkelin. »Das ist es.« Danach zog sie sich mit den Worten »Ich möchte jetzt alleine sein« in ihr Zimmer zurück. Der weitere Abend verlief ruhig. Alle Familienmitglieder waren mit sich selbst und ihren Gedanken beschäftigt. Auch Daniel wollte alleine sein. Er griff seinen Rucksack, der seit seinem Eintreffen zu Hause unverändert auf dem Fußboden des Wohnzimmers lag, und ging in sein Zimmer.

Am nächsten Morgen fuhr Daniel nach Freiburg zurück, um seine Koffer zu packen. Das hatte er seinen Eltern beim Frühstück am Morgen – ohne Anwesenheit seiner Umi – bekannt gegeben.

Als er in Köln umstieg, traf er auf dem Bahnsteig Herrn Frosch wieder. Ein Frosch, den man aus kaltem Wasser hob und in 50 Grad warmes Wasser setzte, beschwerte sich, weil ihm das Wasser zu heiß war. Man nahm ihn daraufhin aus dem warmen Wasser heraus, setzte ihn für fünf Minuten zurück in das kalte Wasser ...

In Freiburg war es immer noch 38,7 Grad.

Über sieben Jahre später, am 10. November 2010, eröffnete Daniel eine kleine Kunstbuchhandlung in der Vestregata in Tromsø. Seine schon vorhandenen Sprachkenntnisse in Norwegisch hatten sich während des Kunststudiums an der Universität in Tromsø bewährt und er absolvierte einen guten Abschluss. Seine Kommilitoninnen fanden seinen deutschen Akzent »sympatisk« und »ryddig«, also nett. Und auch in dem gemütlichen Café in Tromsø, in dem Daniel neben seinem Studium arbeitete, fand man ihn »vennlig«. In erster Linie die weiblichen Gäste.

Seit seiner Ankunft in Tromsø im Herbst 2003 hatte er sich regelmäßig per Telefon und Internet über die Geschehnisse zu Hause auf dem Laufenden gehalten. Im Sommer 2004, ein Jahr nach dem Jahrhundertsommer 2003 in Deutschland, als Daniel sein Kunststudium in Freiburg begonnen und abgebrochen hatte, eröffnete ihm seine Mutter per E-Mail, dass »Umi« sich im Haus Sankt Raphael zunächst gut eingelebt habe, den Kontakt zur Außenwelt zwischenzeitlich aber fast vollständig abgebrochen oder verloren und sich völlig in sich zurückgezogen habe.

Seit sieben Jahren flog Daniel jeweils zu Weihnachten, zum offiziellen Weihnachtsfest am 24. Dezember, nach Hause. Natürlich besuchte er dann auch seine Umi im Sankt Raphael. Aber er wurde von ihr nicht mehr erkannt. Seine Umi schaute durch ihn hindurch, spielte mit einem Tannenzapfen aus der Weihnachtsdekoration und schien sich ausschließlich in ihrer eigenen Welt aufzuhalten. Da Daniel seine Umi nur einmal in Jahr sah, erlebte er ihren geistigen und jetzt auch körperlichen Abbau wie mit einem Zeitraffer. Er fand seine Besuche dort schmerzhaft, aber für sich erforderlich.

Am 12. Mai 2012 würde seine Umi 90 Jahre alt werden! Für Daniel stand dann natürlich eine außerplanmäßige Reise nach Deutschland an. Er musste seiner Umi gratulieren. Wozu, darüber hatte Daniel schon oft nachgedacht. Er konnte sich nicht vorstellen, dass seine Umi so leben wollte. Aber er wollte ihr doch berichten, dass er ihren Wunsch erfüllt hatte. Er hatte in Norwegen Kunst studiert und sich dort eine Existenz aufgebaut. So, wie Umi es für ihn richtig fand. Und er hatte ihr versprochen, genau das zu tun. Er hatte sie nie belogen, sie aber auch nie korrigiert, wenn sie begann, einige Dinge durcheinanderzubringen und sie ihn in Trömsø vermutete, wenn er in Freiburg war. Niemand aus der Familie stellte Umi infrage. Aber jetzt stimmte alles! Zumindest, was Umi und ihn betraf. Daniel hatte Umis Realität sozusagen realisiert.

Aber zu spät. Wie hatte Umi gesagt: »Wenn du mir noch etwas Wichtiges sagen möchtest, solltest du es bald tun!«

»Ich habe jetzt einen kleinen Laden in Trömsø. Ich handele mit Büchern, Bildbänden und Kunstdrucken. Und ein nettes Mädchen habe ich auch kennengelernt.« Letzteres stimmte zwar noch nicht, aber er arbeitete gerade daran. Es gab dort die hübsche Karoline aus der Bäckerei nebenan, um deren Zuneigung er seit Wochen warb. Außerdem, kennengelernt hatte er viele Mädchen, nur nicht so, wie Umi es erwartete. Er freute sich darauf, ihr das alles zu erzählen. Sie würde ihn nicht verstehen, aber er musste es ihr sagen! »Und nie wird es dort heiß, Umi. Das mögen wir beide ja nicht!« Und Omi würde nicht verschwörerisch grinsen.

Nachdem er eine Lieferung von Kunstpostkarten mit Ablichtungen von Zeichnungen aus der Tuschefeder von M. C. Escher ausgepackt hatte, trat er als stolzer Ladenbesitzer aus seinem Geschäft. Er wartete auf seinen ersten Kunden. Welcher der 70.000 Einwohner Tromsøs würde es sein? Aus dem kleinen Büroraum im hinteren Teil des Ladens hörte er durch die einen Spalt weit geöffnete Ladentür Vivaldis »Vier Jahreszeiten«, den zweiten Satz, den »Frühling«.

Daniel fühlte sich gut. Er war angekommen.

»God dag!«, grüßte ein Passant, der vor dem kleinen Schaufenster der neu eröffneten Kunstbuchhandlung stehen blieb und sich die Auslage ansah, die Daniel aus Büchern und Kunstpostkarten arrangiert hatte. Viele Menschen waren heute nicht unterwegs. Es war Nacht in Trömsø, 11 Grad minus, Nebel. Die Sonne würde heute nicht aufgehen, so, wie sie es im Norden Norwegens von Ende November bis Ende Januar nie tut. Es würde nicht Tag werden. Es war die Zeit der Polarlichter, die man, wie Daniel gelernt hatte, Aurora Borealis nennt, die Zeit der prächtigen Lichtspiele und Farbspektakel am dunklen Nachthimmel.

Aus seinem Laden hörte Daniel das Telefon klingeln. Aus den beiden Lautsprechern erklang der »Sommer« von Vivaldi. Fröstelnd vor Kälte betrat Daniel seinen Laden und hob den Telefonhörer ab. Es war seine Mutter. Sie überbrachte eine traurige Botschaft: Daniels Umi war vor einer Stunde verstorben. Genau zu der Zeit, als er mit der Eröffnung seines Geschäftes seine Versprechen gegenüber Umi eingelöst hatte. Daniel hörte seiner Mutter wortlos zu und legte auf.

»Jeg savner deg, Umi«, flüsterte Daniel. Ich vermisse Dich, Umi.

Der Mann vor dem Schaufenster zog den Mantelkragen hoch und ging seiner Wege. Daniel schloss seinen Laden ab. Er setzte sich in sein kleines Büro und schwor sich, nie wieder Weihnachten zu feiern. Kein »Frohes Weihnachten« in Aachen, kein »God Jul« in Tromsø.

Einen »Heiligen Abend« ohne Umi soll, kann und wird es für Daniel nicht mehr geben.

Weder im Winter, noch im Sommer.

Das letzte Wort

»Ach ja«, jammerte das W, »es ist nicht schön, ein W zu sein. Ich führe Wehmut, Weltschmerz und Wahnsinn an. Aber meinem Nachbarn zur linken, dem V, geht es auch nicht besser. Vergewaltigung und Verderben sind auch keine schönen Wörter.«

Das O antwortete: »Na ja, mich findet man in Mord und Totschlag! Zwar nicht gleich zu Beginn, aber ich komme darin vor.«

»Also ich«, meldete sich das R, »ich bin zufrieden. Ruhe und Regeneration und sind ohne mich gar nicht denkbar.«

»Ach!«, sagte das W, »was ist mit Rache, Raffgier und Radikalismus?«

Das T meldete sich: »Was soll ich denn sagen? Ich führe den Tod und die Trauer an!«

»Aber auch den Trost«, meldete sich das O, »mit mir!«

»Und mit mir!«, rief das R.

»Oh!«, entfuhr es dem O.

Nach einer kleinen Pause machte sich das O Gedanken:

»Wer von uns wird wohl der letzte gedruckte Buchstabe des letzten Buches sein?«

»Na ja«, sagte das T, »der letzte gedruckte Buchstabe muss ja niemand von uns sein. Ich denke, das überhebliche M oder das vorlaute E werden sich darum schlagen.«

»Aber nur wir vier in dieser Reihenfolge bilden das WORT!«, rief das O seinen drei Nachbarn in Erinnerung. »Wir vier werden gebraucht. Aber ich gebe zu, es wäre für mich durchaus erstrebenswert, als letzter Buchstabe des letzten Buches zu enden. Ich fände das angemessen.«

»Glaub mir«, gab das W zu bedenken, »man braucht uns nicht wirklich. Es gibt auch Wörter ohne uns. Es kann sein, dass wir vier im allerletzten Wort des allerletzten Buches gar nicht auftauchen! Wie gerne wäre ich deshalb ein Vokal.«

»Ich bin ein Vokal«, sagte das O, »aber man greift nicht oft auf mich zurück. Da kann ich mich auf den Kopf stellen! Na ja, wenigstens in oft und Kopf komme ich vor ...«

»Nein«, unterbrach das W, »ich wäre gerne ein E. Auf das E kann man kaum verzichten. Es drängt sich wirklich ständig in den Vordergrund. Eitelkeit, Egoismus, Eigenliebe ...«

»Hallo?« Eine ganz leise Stimme meldete sich.

»Wer bist du denn?«, fragte das W.

»Ich habe nichts gehört!«, meinte das O.

»Doch, da war etwas«, war sich das R sicher.

»Also«, sagte das T, »wer bist du?«

»Ich bin der Punkt. Ich bin kein Buchstabe, aber ich bin ein Satzzeichen. Ich bringe eure Sätze zu Ende, wenn euch die Wörter ausgehen. Ich bin für Pausen zuständig. Ich werde das letzte gedruckte Zeichen des allerletzten Buches sein. Ich werde den Schlusspunkt setzen. Entweder als Punkt, als Ausrufe- oder Fragezeichen.«

Diesem Argument hatte das WORT nichts entgegenzusetzen.

Rolf Piotrowski

Geboren 1956 im Kreis Aachen. 1998 Abschluss des Studiums der Kognitiven Psychotherapie und der Rational-Emotiven-Psychotherapie an der Freien Hochschule der Human- und Geisteswissenschaften der Pierre-Simon Laplace-Universität, Lenz, Graubünden, Schweiz.

Als Heilpraktiker für Psychotherapie begleitete der Autor, selbst vom Asperger-Syndrom betroffen, Menschen mit autistischen Auffälligkeiten. So weisen einige seiner Protagonisten in den hier vorgelegten Geschichten Symptome eines Asperger-Syndroms auf, ohne dieses aber in den Mittelpunkt der Erzählungen zu rücken.

Aus seiner therapeutischen Arbeit und nicht zuletzt aus eigenen Erfahrungswerten entstanden seine bisher veröffentlichten Bücher

Bent10 – 5 Tage im Leben des Benedict Mandelbaum
Engelsdorfer Verlag ISBN 978-3-96145-721-2

Bent11 – Benedict Mandelbaum im Dänenland
Engelsdorfer Verlag ISBN 978-3-96145-722-2

Largo – Realität und Erinnerung
Mainz Verlag ISBN 978-3-8107-0056-8

Der Autor im Internet: www.rolf-piotrowski.net